ERRATA.

Page 1, Pierre Vannuti, *lisez* Vannucci.

20, N. 81, dit le Bacici, *lisez* dit le l
chique.

22, N. 89, Launoy, *lisez* Lannoy.

28, ligne 4, Jodolus, *lisez* Jodocus.

44, ligne 1, Vertaerghen, *lisez* Vert
ghen.

48, N. 200, Van Rtn, *lisez* Van Ry

71, lig. 3, loquèlle, *lisez* laquelle.

102, lig. 24, par le, *lisez* par la.

103, lig. 26, la dernière teinte, *lisez*
demie-teinte.

107, lig. 2, la dernière, *lisez* la demie

148, lig. 16, Subeyras, *lisez* Subley

151, lig. 5, Califte, *lisez* Califto.

176, lign. 6, Vanibale, *lisez* Vanbale

CATALOGUE

D'UNE BELLE COLLECTION

DE TABLEAUX

ORIGINAUX

DES MEILLEURS MAÎTRES FRANÇOIS ET HOLLANDOIS;

*Figures en bronze; Porcelaine ancienne, & autre; Pendules à répétition, & divers objets curieux, qui composent le Cabinet de M.***.*

Cette Vente intéressante commencera le Mercredi 5 Avril 1780, & jours suivans, quatre heures de relevée, dans la grande Salle de l'Hôtel de Bullion, rue Platrière.

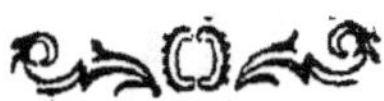

Le présent Catalogue se distribue,

A PARIS,

Chez
{
Mᶜ CHARIOT, Huissier-Commissaire-Priseur, rue Plâtriere, hôtel de Bullion.
A. J. PAILLET, Peintre, audit hôtel de Bullion.

M. DCC. LXXX.

A V I S.

P o u r donner aux Amateurs le tems d'examiner fuffifamment les objets qui compofent cette Collection, on expofera le tout pendant les quatre jours qui précéderont la vente, depuis dix heures du matin jufqu'à une heure précife, de même que les différens objets de chaque Vacation, depuis dix heures jufqu'à midi auffi précife, afin de fe réferver le tems néceffaire aux foins & arrangemens de la Vente.

Cette Vente fera faite par M^e C H A R I O T, Huiffier-Prifeur, & fous la direction de A. J. P A I L L E T, Peintre, qui en diftribue le Catalogue.

AVERTISSEMENT.

OFFRIR encore une Collection de Tableaux aux Amateurs, au moment même où nos Salles, en retentissant des regrets donnés à la mémoire de feu M. POULLAIN, s'applaudissent encore de s'être vues parées tout récemment des trésors que rassembloit son Cabinet; c'est, en quelque sorte, garantir au Public d'une maniere non équivoque les objets dont on lui propose la vente. Le moment qui suit de si près l'exposition de tant de morceaux rares & précieux, n'est sûrement pas celui de risquer des choses ou tristes ou peu intéressantes, & d'ailleurs nous nous imposons tous les jours le devoir d'éloigner de nous, autant que nous le pouvons, le reproche d'un pareil tort. Le Cabinet dont on a confié la vente à nos soins ne doit pas non plus nous y exposer; composé en très-grande partie des

A ij

chefs-d'œuvre de notre École, il semble offrir précisément ce qui paroissoit manquer au Cabinet de M. POULLAIN, & ce qui caractérise principalement nos habiles Artistes, la variété, l'intérêt des sujets, l'ordonnance majestueuse ou piquante des compositions ; on y compte les chefs-d'œuvre des *Vanloo*, des *Boucher*, des *Vernet*, des *Fragonard*, des *Casanova*, & de tant d'autres Peintres François, dont les ouvrages tiennent aussi un rang distingué dans la belle curiosité : enfin, l'École Hollandoise elle-même n'y est pas à négliger ; tous les morceaux qui en sont entrés dans ce Cabinet offrent cette vérité de la nature, cette légereté de touche & cette couleur brillante qui lui sont propres. C'est, en un mot, un choix agréable & précieux que nous croyons, à tous égards, mériter d'être par nous annoncé & par les Amateurs apprécié comme l'ouvrage d'un goût délicat & éclairé.

CATALOGUE

DE TABLEAUX,

DES MEILLEURS MAITRES

FRANÇOIS ET HOLLANDOIS;

*Figures de Bronze, Porcelaines, Pendules à répétition, & autres objets curieux, qui composent le Cabinet de M.***.*

TABLEAUX.

ECOLE FRANÇOISE.

SÉBASTIEN BOURDON.

N°. 1 UN Tableau du bon tems de cet Artiste, & aussi naturellement rendu qu'il soit possible. L'on remarque au-dehors

A iij

d'une maifon de Payfan, placée à la gauche du tableau ; une femme accroupie devant un baquet & un pot au lait : plus
loin un âne chargé de légumes, & derrière
lui un homme dont on ne voit que le
bufte : auprès d'un puits font placés une
auge de pierre, une hotte & différentes
légumes : à droite, dans l'éloignement,
on diftingue une femme qui paffe fous
une porte ; des lointains & montagnes,
traverfés d'une rivière, terminent le fond
de ce Tableau qui par le beau ton de couleur, une touche précieufe & un effet
auffi vrai que la nature, peut tenir le rang
le plus diftingué à côté des Maîtres Fla-
mands. Hauteur 15 pouces & demi, Larg.
21 pouces & demi. C.

SÉBASTIEN BOURDON.

2 Un autre Tableau très-fin de couleur &
de touche. Il repréfente des ruines & veftiges de monumens de Rome, près defquels font arrêtés des Bohêmiens, hommes & femmes, pour prendre leur repas :
fur le devant on diftingue une femme qui
allaite fon enfant, plus loin un âne, & à
droite en fecond plan, une rivière, des
fabriques, & des arbres. Haut. 10 po. larg.
15 pouces. B.

PAR LE MÊME.

2 bis. Une belle Colonade d'architecture en

partie ruinée, & fous laquelle on voit un Bohémien portant un enfant fur fon dos en tenant un autre par la main. Hauteur 27 pouces, largeur 33. T.

CRESENCIO, Difciple du Bourdon.

3 Un Payfage d'un ftyle impofant & d'une belle exécution. L'on voit à la droite du Tableau une fontaine près de laquelle font affifes deux femmes, l'une appuyée fur une urne, l'autre dans l'attitude de mettre fes jambes dans l'eau; plus loin, fous de grands arbres, font deux hommes qui cau-fent enfemble, & auprès d'eux, fur un piédeftal, eft placé le fleuve du Capitole, paroiffant caractérifer le Tibre, qui coule au bas d'une chaîne de montagnes, en di-vers endroits defquelles font conftruits des monumens & habitations; à la gauche on diftingue les veftiges d'un pont : un ciel pur, bien nuagé, & d'une touche ferme, terminent le fond de ce tableau, qui par fon genre de compofition & la manière de peindre, particulièrement dans les figures, pourroit être regardé comme de Sébaftien Bourdon, dont ce Peintre étoit le Difci-ple. Il eft rare de trouver un morceau plus parfait & plus digne d'entrer dans une Collection diftinguée. Hauteur 18 pouces, Larg. 24 pouces. Toile.

A iv

JOSEPH PAROCEL.

4 Cyrus affis fur fon trône, diftribuant à
fes Généraux les honneurs & les ré-
compenfes. On voit dans l'éloignement
la Ville d'Ecbatane & des montagnes.
Ce Tableau, dans le genre hiftorique,
eft un des plus capitaux de ce Maître, & tient de la force & du coloris de
Rembrandt. Hauteur 42 pouces, Larg.
54 pouc. T.

ANTOINE-FRANÇOIS VANDERMEULEN.

5 Un magnifique Payfage, fur le devant
duquel on voit Louis XIV dans un car-
roffe attelé de fix chevaux gris pomelés ; le
Roi eft accompagné de plufieurs Seigneurs
de fa cour ; ces Gardes & le monde de
fa maifon le précedent & d'autres font à
fa fuite. Il paroît que le fite de ce Tableau
a été pris d'une des routes de la forêt de
Fontainebleau : l'on pourroit aifément s'é-
tendre fur toutes les parties qui rendent
ce Tableau parfait; mais en bref, nous
dirons qu'il réunit un ton de couleur
tranfparent & argentin, une touche légere & fpirituelle à une compofition la
plus intéreffante. Hauteur 35 pouces, Largeur 44.

Le Nain.

6 Un Tableau compofé de quatre figures, portant chacune le caractere de la plus grande vérité. On voit vers la gauche une femme affife vendant des légumes, fa fille ajuftée d'une coëffe noire & d'un corfet rouge eft auprès d'elle, & plus loin un Mendiant debout & appuyé fur fon bâton. A la gauche, on voit encore un petit Marchand de Darioles. Ce morceau d'une touche précife & bien peint, mérite une diftinction dans les ouvrages de ce Peintre. Hauteur 16 pouces, Largeur 20. Toile.

J. B. Pater.

7 Deux Tableaux de choix & véritablement des plus fins de ce Peintre, tant par le ton de couleur léger & argentin que par une touche très-fpirituelle. Ils repréfentent des fites agréables de Payfage où des compagnies d'hommes & de femmes font arrêtés pour prendre le frais. L'on diftingue dans l'un un Berger qui cueille des rofes, & les préfente à une jeune femme qui en emplit une corbeille ; l'autre repréfente une compagnie de jeunes femmes qui femblent écouter un homme qui pince de la guitarre.

Dans chacun de ces jolis morceaux on

voit un enfant & un chien différamment placés. Hauteur 8 pouces 3 lig. Largeur 11 pouces 3 lignes. Bois.

J. B. PATER.

8 Un autre Tableau du même mérite que les précédents, & pareillement agréable ; il repréfente un veftibule fervant de falle de bain ; on y voit une jeune femme fur un lit de repos ; elle eft en chemife, & ajuftée d'un jupon de foie bleue : fa fervante eft auprès d'elle, tenant un plat : à la gauche, fur un appui, on remarque un chat qui s'hériffe à la vue d'un chien ; le fond découvre du payfage, & la droite eft occupée par une cuvette de cuivre & une caffolette remplie de fleurs pofée fur un tabouret. Hauteur 10 pouces, Larg. 13 pouc. T.

F. LE MOYNE.

9 Deux Payfages, Vues d'Italie. Ils repréfentent des fites montagneux, & font ornés de plufieurs figures & fabriques. Ces deux morceaux de mérite, & touchés avec facilité, font auffi d'une bonne couleur. Haut. 15 pouces, Larg. 24 po. T.

PAR LE MÊME.

10 Une Efquiffe bien compofée & bien pein-

te, repréſentant Jéſus-Chriſt à table chez le Phariſien. Haut. 10 pouces, larg. 16. T.

P. SUBEYRAS.

11 Le Buſte d'une femme, dont l'expreſſion caractériſe la plus grande douleur. Ce morceau eſt une des ſçavantes Etudes de ce célebre Peintre. Même grandeur que le Tableau auquel il ſervoit de pendant, Numéro   du préſent Catalogue.

J. RESTOU.

12 Le Baptême de Jéſus-Chriſt ; le haut de ce bon Tableau repréſente le Pere Eternel dans ſa gloire. Ce morceau d'une belle touche, eſt le petit de celui que l'on voit à Saint Louis du Louvre. H. 36 pouces, Largeur 19. T.

PAR LE MÊME.

13 Jéſus-Chriſt au Jardin des Olives : on voit à la droite un Ange ſur un nuage, qui lui montre le calice. Ce Tableau eſt auſſi une compoſition qui a été exécutée en grand. Hauteur 33 pouces, largeur 22. T.

CARLE VANLOO.

14 La Magdeleine pénitente, Eſquiſſe ter-

minée du Tableau de Saint Louis du Louvre. Haut. 28 pouces , larg. 23. T.

C A R L E V A N L O O.

15 Une autre belle Esquisse , représentant
l'Assomption de la Vierge. Hauteur 21
pouces , Larg. 11 pouces & demi , cintré
du haut. T.

P A R L E M Ê M E.

16 L'Adoration des Rois , très-belle composition & plus avancée qu'une Esquisse.
Ce morceau paroît avoir quelques frag-
mens de celui du même sujet qui étoit dans
le Cabinet de M. Lempereur. Hauteur 29
pouces , largeur 16 & demi.

P A R L E M Ê M E.

17 Jésus-Christ porté au ciel par des An-
ges , Esquisse d'une touche ferme & d'un
beau ton de couleur. Hauteur 24 pouces,
Larg. 12. T.

D U M O N T L E R O M A I N.

18 Deux Tableaux d'une grande & plaisante
composition. Ils représentent différentes
scenes du Roman Comique de Scaron ;
l'on compte dans chacun environ vingt
figures , toutes variées de caractere & d'a-
justemens. Ces deux morceaux , d'un bon.

ron de couleur, font peints ferme & dans le meilleur tems de ce Maître. Hauteur 24 pouces. Largeur 34. T.

PAR LE MÊME.

19 Deux autres Tableaux bien peints & chauds par le ton de couleur ; ils repréfentent différens Sujets de Fable. Hauteur 25 pouces. Largeur 33. T.

M. CHARDIN.

20 L'Intérieur d'une Cuifine, dans laquelle on voit une femme tournant le robinet d'une fontaine de cuivre, pour emplir un pot ; à la gauche une porte ouverte laiffe voir une fervante qui balaye. Ce morceau, d'une pâte de couleur admirable & d'une touche fçavante, eft d'une vérité qui fait illufion. Hauteur 13 pouces & demi. Largeur 11 & demi. T.

F. BOUCHER.

21 Un beau Payfage de forme ovale en hauteur, dans lequel on voit pour figures Jupiter fous la forme de Diane pour furprendre Califto. Des groupes d'Amours fur des nuages forment acceffoire dans ce Tableau auffi intéreffant qu'agréable.

Il eft ordinaire de trouver de la grace dans les compofitions de M. Boucher :

mais il femble s'être encore furpaffé dans celui-ci, auquel il n'eft pas poffible de rien defirer. Hauteur 28 pouces, largeur 23. T.

F. BOUCHER.

22 Un Payfage pittorefque, & touché avec un goût admirable. Il repréfente un moulin à eau des environs de Paris : on remarque fur le devant une jeune femme occupée à laver du linge, ayant auprès d'elle un petit enfant : à gauche eft un pont où l'on voit un homme appuyé fur une barriere, & vue par le dos. Ce Tableau eft auffi agréable qu'il foit poffible, réuniffant à une touche très-fpirituelle le charme des compofitions, dont le génie de ce célebre Peintre étoit fufceptible. Hauteur 20 pouces. Largeur 24. T.

J. B. OUDRY.

23 Un petit Tableau peint fur carton, repréfentant un Barbet qui arrête un canard dans des rofeaux. Hauteur 3 pouces. Largeur 2 & demi.

LE PECHEUX.

24 Régulus quittant fa famille dont il eft environné. pour fe rendre à Carthage où il s'étoit engagé de retourner fur fa pa-

role. Ce morceau réunit à la nobleſſe de la compoſition, le caractere & l'expreſſion inſéparables du genre de l'Hiſtoire. Pluſieurs perſonnes ont été juſqu'à préſent perſuadées que ce Tableau étoit de M. Greuze, qui n'en déſavoueroit pas le mérite; mais des informations plus juſtes nous ont inſtruit qu'il étoit original de M. le Pecheux. Il eſt donc juſte d'en laiſſer l'honneur à ſon véritable auteur. Largeur 21 pouces. Hauteur 18. T.

JOSEPH VERNET.

25 Deux Tableaux du premier ordre & du nombre des chefs-d'œuvres de cet habile Artiſte. L'un repréſente un calme, l'autre une tempête. Le premier, dont l'effet eſt au ſoleil couchant, offre un vaiſſeau en pleine mer garni de tous ſes agrès. A gauche, ſur un plan éloigné, on découvre un port & une belle colonnade d'architecture: le rivage eſt rempli de différentes figures de Matelots occupés les uns à retirer leurs filets, d'autres du poiſſon.

Le pendant repréſente une grande étendue de mer pendant une tempête. L'on remarque à droite des rochers avancés, & ſur le haut deſquels ſont des hommes & femmes, dont les attitudes & l'expreſſion caractériſent la plus grande douleur à la vue d'un naufrage. Pluſieurs

s'occupent à fauver des paffagers ; &
d'autres les débris du vaiffeau. Ces deux
morceaux font rendus avec tout l'art &
le fçavoir dont ce génie heureux eft fuf-
ceptible. Hauteur 20 pouces. Largeur
30. T.

JOSEPH VERNET.

26 Un Payfage, vu d'après nature, pendant un grand vent & un orage. L'on y
remarque fur un chemin une charette at-
telée de deux bœufs, & dans laquelle font
un homme, une femme & un enfant.
Leur attitude caractérife l'effroi occafion-
né par un coup de tonnerre qui éclate à
travers un nuage épais. L'on voit encore
des voyageurs fur différens plans de ce
Tableau, qui mérite. par fon effet jufte
& vrai, la même confidération que les
précédens. Hauteur 18 pouces. Largeur
23. T.

PAR LE MÊME.

27 Une vue de Mer, par un gros tems,
fur laquelle eft une barque remplie de
gens tourmentée par les flots, & dans
l'attitude du danger qui les menace ; l'un
d'eux eft monté fur le bout de la barque, cherchant à retenir un cordage que
des gens placés fur l'extrémité d'un grand
rocher vont lui jetter. Dans l'éloignement,

ment , du côté du fort qui fe caractérife par une grande tour , on diftingue plu-fieurs gens : à droite , dans l'étendue de la mer , on remarque un bâtiment à voile battu par la tempête. Ce Tableau , rendu avec toute l'énergie donc le fujet eft fuf-ceptible , porte pour éloge le nom de fon Auteur. Hauteur 20 pouces , Largeur 29 & demi. T.

D U M Ê M E.

28 Un autre Tableau , même fujet que le précédent ; l'on y diftingue un vaiffeau échoué près du port , qui s'annonce par une grande tour , fur le haut de laquelle eft un pavillon ; l'on voit en pleine mer une barque remplie de paffagers , & fur le devant des hommes occupés à retirer les débris d'un navire ; tandis que d'au-tres , fur le haut d'un rocher , paroiffent plongés dans la plus grande douleur à la vue de cette trifte fcène. Ce morceau très-fin de couleur , & d'une touche fpiri-tuelle , paroît avoir été fait à plaifir par M. Vernet pour fon ami M. le Carpentier , qui le regardoit comme le meilleur mor-ceau de fon Cabinet. Hauteur 15 pouces. Largeur 24. T.

J. B. GREUZE.

29 La vue d'une chaumiere , près de laquelle

un homme eſt aſſis tenant à côté de luï un jeune & joli enfant coëffé de cheveux blonds & d'un grand chapeau. Il porte devant lui une petite boëte dans laquelle une femme qui paroît être ſa mere lui va mettre une marmotte, lui indiquant par un geſte qu'elle fait de la main droite, l'endroit où il doit aller. Ce Tableau, d'une vérité de nature admirable, d'une touche juſte & ſavante, eſt auſſi d'un ton de couleur très-fin. Hauteur 11 pouces, Largeur 14. T.

J. B. GREUZE.

30 Un buſte de femme d'un beau caractère ; elle eſt repréſentée de trois quarts, portant de grands cheveux bruns, retombant ſur ſes épaules qui en ſont en partie couvertes : ce morceau, rempli d'expreſſion, eſt très-terminé & regardé comme une des belles Etudes de cet habile Peintre. Hauteur 15 pouces, Largeur 12. T.

PAR LE MÊME.

31 Un Portrait de femme d'une phyſionomie gaie & intéreſſante ; elle eſt repréſentée de trois quarts ajuſtées d'un bonnet & d'une coëffe blanche, & ayant un mantelet noir ſur ſes épaules. Ce morceau, ébauche avancée & du meilleur ton de couleur, eſt de forme ovale dans une bor-

dure quarrée. Hauteur 20 pouces, Largeur 16. T.

P A R   L E   M Ê M E.

32 Une jeune Fille repréſentée à mi-corps
& ajuſtée d'un déshabillé bleu ; elle eſt
aſſiſe devant une table, ſur laquelle eſt
poſé ſon tricot & un Livre ouvert, tenant
ſon bras droit appuyé deſſus. Ce morceau
étude a, par ſa touche juſte & ſçavante,
tout l'effet d'un Tableau terminé. Hauteur
20 pouces, Largeur. 17. T.

P A R   L E   M Ê M E.

33 Une ébauche bien faite & ſavante de
touche, repréſentant une jeune fille vue à
mi-corps, tenant ſon oiſeau dans ſes mains ;
elle eſt devant une table ſur laquelle eſt
une cage ouverte. Hauteur 26 pouces, ſur
20 pouces & demi de large. T.

C A S A N O V A.

34 Deux Tableaux du premier rang, tant
par le génie de la compoſition que par la
richeſſe & l'harmonie du ton de couleur.
L'un repréſente un campément de Cavalerie ; l'autre un convoi de chariots chargés de bagages & approviſionnemens d'armée. Ces deux morceaux, d'une belle
ordonnance de compoſition & variés par
les différens groupes de figures, ne laiſ-
B ij

sent rien à désirer. Hauteur 34 pouces ; Largeur 54. T.

CASANOVA.

35 Un Tableau d'une belle touche & d'un ton de couleur pur & frais. Il représente une prairie étendue & coupée par des eaux : sur le devant, on y remarque une belle vache, son veau & un bœuf ; à la droite, un Berger est assis avec son chien. L'on voit encore sur différens plans des animaux, & dans le lointain un paysage qui se détache sur un beau ciel. Hauteur 48 pouces, Largeur 72. T.

PAR LE MÊME.

36 Un retour de Chasse au chevreuil ; l'on y remarque l'animal étendu mort auprès d'un Cavalier habillé de rouge ; à la droite sont deux valets & des chiens & sur un plan éloigné à gauche plusieurs Chasseurs paroissant rejoindre le rendez-vous. Hauteur 12 pouces, Largeur 15. B.

PAR LE MÊME.

37 La Vue d'un chemin dans un pays plat, où passe un Paysan qui conduit un troupeau de différens animaux. Le Paysage dont l'horison est très racourci, se détache sur un ciel clair & bien peint, dont

l'effet caractérife une belle Matinée. Hauteur 9 pouces, largeur 12. B.

PAR LE MÊME.

38 Une Prairie dans le milieu de laquelle on voit un Ane, & plus loin deux autres font couchés ; à droite un jeune garçon eft affis, tenant une fibille. Hauteur 9 pouc. Largeur 11. B.

PAR LE MÊME.

39 Un Tableau de forme ovale en travers : le devant préfente un terrein élevé où l'on voit un Officier fur un beau cheval, donnant des ordres à un détachement de Cavalerie. On voit auffi un camp dans l'éloignement, indiqué par un grand nombre de tentes & de Soldats dans une plaine. Haut. 24 pouces, Larg. 31 pouces. T.

PAR LE MÊME.

40 Un Payfage, dont le devant préfente une prairie étendue, dans le milieu de laquelle eft une âneffe, & près d'elle fon ânon : en fecond plan, à droite du Tableau, eft une femme affife, & un homme appuyé fur une haie qui lui parle : plus loin font des ânes couchés & leurs petits. Le lointain eft bordé d'arbres & de prai-

B iij

ries, qui fe détachent fur un ciel clair.
Hauteur 24 pouces , largeur 30. T.

H A L L É.

41 L'Abondance diftribuant fes dons aux
Arts qui font exercés par des Amours : ce
morceau, Efquiffe terminée, eft peint fur
toile. Hauteur 19 pouces. Largeur 21.

P A R L E M Ê M E.

42 L'Intérieur d'un Attelier de Menuifier;
où l'on compte cinq figures différemment
occupées ; à la gauche , par une porte
ouverte , on voit un Mendiant vêtu en
Pélerin. Hauteur 12 pouces 3 lignes. Largeur 15 pouces. T.

J. B. LE PRINCE.

43 Deux Tableaux de forme ovale en hauteur. Ils repréfentent des Payfages agréables. L'on remarque dans l'un, une Danfe
ruffe : dans l'autre, plufieurs jeunes femmes ajuftées felon le coftume du Pays forment différens groupes : on en diftingue
deux qui s'amufent fur une balançoire en
bafcule ; & fur le devant , quatre petits
enfans jouaut à fe traîner fur une planche.
Ces deux jolis morceaux viennent de la
Collection de M. du Barry. Hauteur 16
pouces , Largeur

LOUTHERBOURG.

44 Deux différens Payſages. L'un offre dans
le milieu un groupe d'arbres élevés ſur un
tertre pierreux au bas duquel paſſe un
ruiſſeau : à la gauche eſt un chemin ſur
ſur lequel eſt un Berger qui conduit un
troupeau de moutons: l'effet de ce Tableau
eſt un Coucher de Soleil. Le Pendant repréſentant une fraîche Matinée, offre à la
gauche un rocher élevé au bas duquel une
Bergere eſt aſſiſe gardant ſon troupeau.
Ces deux morceaux d'une touche préciſe
& juſte, ſont auſſi d'un bon ton de couleur.
Hauteur 11 pouces & demi, largeur 14 &
demi. T.

PAR LE MÊME.

45 Un Payſage, dont l'effet eſt parfaitement rendu. Il repréſente un coup de vent
pendant l'orage qui eſt indiqué par l'arc-
en-ciel qui ſe voit à gauche, & frappe ſon
reflet ſur de jolies fabriques. La préciſion
de la touche, le ton de couleur chaud &
vrai, contribuent à faire regarder ce Tableau comme un des plus intéreſſans de ce
Maître. Hauteur 12 pouces, largeur 15
pouces. T.

HUBERT ROBERT.

46 Deux Tableaux repréſentant des monu-

mens d'architecture. L'on remarque dans l'un, deux femmes arrêtées à considérer une statue antique : dans l'autre on voit à travers une arcade, la fontaine de la place Navone : les bains de Diane, & diverses figures, parmi lesquelles on distingue un homme qui paroît admirer ces chefs-d'œuvre de l'art. Ces deux morceaux sont d'une touche spirituelle, & du meilleur ton de couleur. Hauteur 12 pouces. Largeur 9. B.

HUBERT ROBERT.

47 Deux Esquisses de forme ovale ; l'une offre la Vue d'un Parc situé au bord d'un canal ; l'autre représente une forêt & chûte d'eau : on y distingue deux figures de femmes sur un pont de planches. Hauteur 8 pouces. Largeur 6. B.

PAR LE MÊME.

48 Une Vue du Pont & du Château Saint-Ange : Esquisse avancée & d'un ton de couleur argentin : sur le devant deux hommes retirent leurs filets, & un autre est dans un bateau. Hauteur 14 pouces, Largeur 27. T.

HONORÉ FRAGONARD.

49 Un Paysage touffu d'arbres, à la gauche

duquel monte un chemin fur un terrein
elevé & fabloneux, qui paroît conduire
à l'entrée d'un bois épais ; fur le devant,
on voit deux jeunes femmes qui lavent du
linge dans un étang, & à la droite, un
chien qui pourfuit des canards. Ce morceau, fait au premier coup, eft un reffou-
venir jufte pour l'effet, du tableau de
Ruifdaal de M. Lempereur, & qui par
fa touche facile & fpirituelle, devient original. Hauteur 24 pouces, Largeur 26. T.

PAR LE MÊME.

50 Un Tableau compofé de huit figures,
dont le fujet eft tiré du Roman de Miff
Sara par M. de Saint Lambeit. Le moment
que repréfente cette compofition intéreffante, eft celui où les deux époux viennent
vifiter leur enfant. Ce morceau joint à
une touche large & facile, tout l'efprit
& le caractere convenable au fujet. Hauteur 27 pouces, Largeur 33. T.

PAR LE MÊME.

51 Un Tableau d'une harmonie de couleur
admirable. Il repréfente le même fujet que
le précédent, mais d'une compofition toute
différente. On y compte quatre figures,
dont la principale eft une jeune & jolie
femme, coëffée d'un chapeau de paille,

son mari, affis près d'elle, paroît confi-dérer un enfant qui eft dans fon berceau, fur lequel eft appuyée fa nourrice. Ce morceau, d'un effet piquant & magique, eft auffi d'une touche légere & fpirituelle. Hauteur 11 pouces & demi, Largeur, 14 pouces & demi. T.

HONORÉ FRAGONARD.

52 Deux différens Payfages, faifant pendants. L'un repréfente une élévation de terre, couverte d'une belle peloufe, fur l'extrémité de laquelle eft une femme affife parlant à un homme, auffi affis : à la gauche, fur un plan éloigné, on diftingue l'entrée d'un bois, qui fe continue vers la droite, où paffe un chemin fablonneux. Le devant préfente un étang où font des hommes dans des rofeaux & occupés à tirer un bateau, dans lequel eft une femme. L'autre Tableau repréfente une épaiffe Forêt, en devant de laquelle eft un Lac, où deux bœufs veulent entrer. Un Pâtre, accompagné de fon chien, tient fon bâton élevé pour les en faire fortir. Ces deux morceaux, d'une touche admirable & fpirituelle, font, par l'harmonie de la couleur, l'effet le plus piquant. Hauteur 13 pouces & demi, Largeur 17 pouces & demi. T.

PAR LE MÊME.

53 Deux Payſages, du meilleur ton de couleur, piquants d'effet & d'une touche auſſi
ſpirituelle que les meilleurs ouvrages de
Ruiſdaal. On remarque dans l'un une femme
aſſiſe à l'ombre d'un gros arbre, & plus
loin une Payſanne & trois vaches, dans
l'autre, on voit un jeune homme auprès
d'une brouette, & deux jeunes femmes qui
le regardent. Hauteur 11 pouces & demi, Largeur 14 pouces & demi. T.

PAR LE MÊME.

54 Un jeune Enfant, repréſenté debout en
chemiſe, tenant un polichinel, avec lequel il paroit s'enfuir de deux petits chiens
qui le ſuivent, cherchant à mordre une
poupée qu'il tient ſous ſon bras. Ce morceau, auſſi agréable qu'il ſoit poſſible, &
rempli de grace dans les geſtes & le caractère de tête de l'enfant, joint à une
touche libre & ſavante, un ton de couleur léger & tranſparent. Hauteur 33 pouces, Largeur 26 pouces. T.

PAR LE MÊME.

55 Une Etude, peu terminée, mais d'un bon
effet, repréſentant le Buſte d'une jeune
Femme, dont la tête eſt couverte d'une
çoëffe noire, & qu'elle écarte avec ſon

éventail pour regarder quelque chofe.
Hauteur 11 pouces & demi, Largeur
9 pouces. T.

H O N O R É F R A G O N A R D.

56 L'Amour dans un buiſſon de roſes. Ce
morceau, de forme ovale & des plus agréables, eſt peint ſur une toile de 21 pouces de haut, ſur 17 de large.

P A R L E M Ê M E.

57 Le pendant repréſente un joli Enfant
ſous l'emblême de la Folie, même forme
& hauteur que le précédent.

P A R L E M Ê M E.

58 Deux Tableaux Etudes, l'un repréſente
un enfant conduiſant une vache, l'autre,
l'intérieur d'une étable, où l'on voit une
vache, & une jeune fille qui parle à un
garçon placé ſur le haut d'une échelle.
Ces deux morceaux, d'une touche hardie
& ſavante, ſout auſſi d'un beau ton de
couleur. Hauteur 20 pouces, Largeur
24 pouces. T.

P A R L E M Ê M E.

59 Une belle Etude d'après nature, repréſentant une jeune Demoiſelle aſſiſe, vue
de profil & coëffée en cheveux, elle tient

un livre ouvert, dans lequel elle regarde avec beauçoup d'attention. Ce morceau, fait au premier coup, a tout l'effet du fini, par la jufteffe de la touche & l'harmonie de la couleur. Hauteur 29 pouces, Largeur 22. T.

Lépicier.

60 Un Tableau fait d'après nature & d'une tcuche la plus fpirituelle. Il repréfente une jeune Dame affife dans fon appartement & s'occupant à tricoter, près d'elle eft une chiffonniere fur laquelle eft pofé fon fac à ouvrage. Hauteur 5 pouces 9 ligne, Largeur 4 pouces.

F. Hall.

61 Le Bufte d'une jeune Fille. Elle eft repréfentée prefque de face, coëffée en cheveux, retombant fur fon col, auquel elle porte un fichu de gaze noué, qui lui découvre une partie de la gorge. Son habillement eft un corcet de fatin jaune rayé, auquel font ajuftées des manches de mouffeline. Ce morceau, quoique peu terminé, a tout l'effet que donne le beau ton de couleur, & la touche jufte & favante. Hauteur 15 pouces, Largeur 12 pouces. T.

F. H A L L.

62 Une belle Etude, d'après nature ; repréfentant une jeune & jolie Femme, vue de face, coëffée en cheveux, dans lefquels eſt ajuſtée une couronne de rofes. Ce morceau, d'une touche favante & admirable, eſt peint au paſtel. Hauteur 13 pouces, Largeur 10 pouces.

L A G R E N É E le Jeune.

63 Loth & ſes deux Filles. Ils ſont repréfentés aſſis ſous un rocher & dans le moment où les deux filles lui verſent du vin dans une coupe d'or. Par l'ouverture du rocher à gauche, on découvre dans l'éloignement l'embrâſement de Sodôme. Ce morceau, dont l'intérêt du ſujet eſt parfaitement rendu, eſt auſſi d'une touche libre & facile. Hauteur 18 pouces, Largeur 23 pouces & demi. B.

P A R L E M Ê M E.

64 Un Tableau du premier mérite & du plus grand ſtyle, par la compoſition, le choix des draperies & une touche large ; il repréſente le moment où Moyſe retiré des eaux eſt préſenté à la fille de Pharaon, dont l'air noble & le beau caractère la diſtingue de pluſieurs femmes de ſa ſuite. Le fond de ce Tableau eſt un payſage bien

touché & par-faitement d'accord avec tout
le fujet. [Hauteur 16 pouces, Largeur 21.
T.

PAR LE MÊME.

65 Un autre Tableau, même grandeur que
le précédent ; il repréfente Apollon affis &
accordant à la Sibylle de Cumes la de-
mande qu'elle lui fait de vivre autant d'an-
nées qu'elle pourroit tenir de grains de
fable dans fa main : trois autres figures de
femmes ajoutent à l'intérêt de cette compofition, dont le fond eft un beau payfage, à la droite duquel, fur une hauteur,
on voit un Temple antique. Hauteur 16
pouces, Largeur 21. T.

PAR LE MÊME.

66 L'Amour endormi & défarmé par une
Nymphe. Le fond de ce Tableau de mérite
eft un payfage. Hauteur 9 pouces, Largeur 12. T.

PAR LE MÊME.

67 Un autre Tableau repréfentant le Chrift
mort. Ce morceau efquiffe eft d'une touche facile. Hauteur 12 pouces, Largeur 9.
T.

THÉOLON.

68 Un Payfage, à la gauche duquel eft une

riviere étendue ; & dans le milieu un chemin où paſſe un chariot & une femme
qui tient ſon enfant par la main : diverſes
autres figures ſont diſperſées avec art dans
ce Tableau , qui eſt d'un tranſparent de
couleur admirable & d'une parfaite harmonie. Hauteur 6 pouces, Largeur 11. B.

P. A. WILLE fils.

69 Un intérieur de chambre dans le milieu
de laquelle eſt une jeune Femme aſſiſe ſe
diſpoſant à faire manger la ſoupe à ces
deux enfans auxquels elle fait dire le *Bene-
dicite ;* près d'elle eſt une table couverte
d'un tapis de Turquie, & ſur lequel ſont
poſés un pot de fayence , une jatte & une
caffetière d'argent ; à la droite de ce tableau très-étudié & bien peint, eſt un lit
rouge & un fauteuil d'enfant. Hauteur 11
pouces , Largeur 9. B.

M. DE BOISSIEU, Amateur.

70 Deux Tableaux de pareille grandeur, repréſentant des intérieurs de chambre : dans
l'un on remarque une femme âgée s'occupant à peloter de la laine ; près d'elle eſt
un jeune enfant qui paroît étudier dans
un Livre. Le pendant repréſente un vieil-
lard aſſis près d'une table, jouant de la
vielle , & à côté de lui, un jeune garçon
ajuſté ſelon le coſtume actuel ayant une
fraiſe

fraife au col. Ces deux Tableaux, d'une vérité frappante & d'une franchife de touche admirable, mérite juftement la confidération & le rang dont ils jouiffent dans la curiofité & même des Artiftes. Hauteur 14 pouces, Largeur 10 pouces & demi. T.

M A Y E R.

71 Un Berger & une Bergere gardant leurs troupeaux. Ils font affis au bord d'une muraille, fur laquelle eft une colonne ruinée. Ce Tableau très naturellement rendu, & touché avec beaucoup d'efprit, fait honneur à la mémoire de cet Artifte. Hauteur 15 pouces, Largeur 14. B.

P A R L E M Ê M E.

72 Deux Payfages très agréables & d'un grand mérite, joignant à la vérité du ton de couleur une touche fpirituelle & beaucoup de gaité dans les compofitions. Ils font ornés de plufieurs figures & animaux; l'on remarque dans l'un une femme fur un chemin conduifant un bœuf, deux moutons & un chien; dans l'autre, une affemblée de Payfans qui s'amufent à danfer. Hauteur 10 pouces. Largeur 13. T.

C O T I B E R.

73 Deux Tableaux fins de touche & très-

agréables par la compofition & le ton de couleur. Ils repréfentent des Intérieurs de chambre, dans chacun defquels on voit une jolie Villageoife affife ; l'une tient un panier rempli de rofes, l'autre tient un coq par la patte : différens légumes & uftenfiles de ménage, touchés dans la maniere de Kalf, font acceffoires dans ces deux morceaux, qui font de forme ronde. Diametre 7 pouces. **B.**

C O T I B E R.

74 Une jeune Femme affife & endormie, près d'une table fur laquelle font pofés une cruche, un faladier, des cerifes & un couteau. Ce morceau, très-gracieux de compofition, eft auffi fin de touche que les précédens. Hauteur 8 pouces. Larg. 6. **B.**

P A R L E M Ê M E.

75 L'Intérieur d'un Cellier, dans lequel on voit un jeune enfant couché fur de la paille, & avançant les bras pour prendre des légumes dans une hotte qui en eft remplie ; divers uftenfiles de ménage font diftribués avec art dans ce joli Tableau, dont les détails font foigneufement & très-naturellement rendus. Hauteur 8 pouces. Largeur 6 pouces 3 lignes. **B.**

PAR LE MÊME.

76 L'Intérieur d'une Etable, dans laquelle on voit un jeune enfant qui donne à manger à une brebis qui est couchée sur de la paille avec ses petits. Plus loin, à droite, une femme est occupée à retirer de l'herbe, dont un âne est chargé. Ce morceau est aussi fin de touche qu'il est agréable. Hauteur 10 pouces, largeur 8. B.

PAR LE MÊME.

77 L'Intérieur d'une Chambre de ménage, dans le milieu de laquelle est un tonneau où sont posés un pot au lait & des œufs ; sur le dessus d'une porte de cave, on remarque des poteries & ustensiles de cuisine ; en second plan à droite, une vieille femme entourée de plusieurs enfans, est assise & occupée à filer devant une cheminée. Ce Tableau, rendu dans les détails avec vérité, est ressemblant pour le genre à la maniere de Kalf. Hauteur 11 pouces. Largeur 8. B.

Ecole de CASANOVA.

78 Deux Tableaux de forme ovale & d'un bon ton de couleur : ils représentent différentes Vues de Prairies. Dans l'un on voit une femme occupée à traire une che-

vre , tandis qu'un enfant affis plus loin tient une taffe de lait : à la droite eft un âne couché & une chevre. Dans le pendant, on voit un Berger qui conduit une vache blanche & un troupeau de moutons. Hauteur 9 pouces , Largeur 11. B.

CASANOVA.

79 Un Payfage à la droite duquel eft un moulin à eau , & à la gauche un chemin où paffe une jeune fille endormie fur un cheval blanc , en conduifant fon troupeau. Hauteur 11 pouces. Largeur 16.

PAR LE MÊME.

80 Un autre Tableau repréfentant un chariot de bagages auquel font attelés trois chevaux qui vont traverfer une marre. Hauteur 11 pouces. Largeur 17. T.

PARELLE.

81 Deux Tableaux repréfentant des Payfages ; dans l'un on voit une jeune fille qui porte fur fon épaule un bâton à chaque bout duquel eft fufpendue une cage. Dans l'autre un garçon tient un nid d'oifeaux dans fon chapeau. Hauteur 15 pouces. Largeur 12. T.

PH. CARÊME.

82 Diane & Endimion ; Efquiffe terminée & d'une bonne couleur. Hauteur 13 pouces & demi , Largeur 10 & demi. T.

ECOLE DES PAYS-BAS.

ANTOINE VANDICK.

83 Charles Premier, Roi d'Angleterre, repré-
senté à cheval. Ce morceau paroît être l'ef-
quiſſe du beau Tableau qui étoit au palais
de Laſſey. Haut. 13 pouces & demi, Larg.
10 & demi. T.

DAVID TENIERS.

84 Jéſus-Chriſt mort & ſoutenu ſur les genoux de la Vierge, Saint Jean eſt debout
& la Madeleine à genoux, les mains jointes,
a l'expreſſion de la plus grande douleur.
Sur le devant ſont les attributs de la
Paſſion, & à gauche, dans le lointain,
le Calvaire. Ce Tableau, dans la manière
de Vandick, eſt malgré cela très-recon-
noiſſable pour être original de David Teniers. Hauteur 8 pouces & demi. Largeur
11 pouces & demi. B.

PAR LE MÊME.

85 Deux Tableaux très-fins & du meilleur
tems de ce Peintre. L'un repréſente un
Marchand d'eau de vie, d'une figure riante,
il porte devant lui une corbeille d'ôſier
remplie de bouteilles, & tient dans ſa
main droite un verre rempli de liqueur,
le fond eſt un payſage & des chaumieres,
dans l'une deſquelles on voit entrer un
payſan. Le pendant, tout auſſi gai de

compofition, repréfente un Marchand de lunettes, ajufté en pelerin & coëffé d'un chapeau garni de plumes; il porte à fa ceinture une bourfe de peau, fon couteau & une clef, tenant d'une main une paire de lunettes, tandis qu'il en porte une autre fur fon nez, devant lui eft fon chien qui le regarde, à la gauche, fur un terrein élevé & dans le lointain, on diftingue un Berger qui garde fon troupeau. Hauteur 6 pouces 6 lignes, Largeur 4 pouces & demi. B.

DAVID TENIERS.

86 Un autre Tableau, du même tems que les précédens & rempli de caractère; il repréfente un Payfan agé, faifant des geftes finguliers & dans un habillement grotefque, portant un bonnet en forme de turban, & de diverfes couleurs, une fraife au col, un grand habit garni de touffes de rubans, & par-deffus une ceinture de foie; à la droite, on diftingue des arbres, dans le lointain, le clocher d'un village, quelques figures de payfans & un chien. Hauteur 9 pouces & demi, Largeur 7 pouces & demi. B.

PAR LE MÊME.

87 La vue d'un Marché aux Poiffons fur le rivage de la Mer, on y remarque dans un grand nombre de figures des Matelots occupés à retirer le poiffon de leurs bar-

ques, tandis que d'autres en forment des lots. Au-deſſus des dunes, à gauche, on voit un Village. Ce morceau, d'un détail amuſant, annonce que Teniers s'eſt plu a repréſenter le genre de Breughel de Velours. Hauteur 9 pouces & demi, Largeur 14 pouces & demi. C.

PAR LE MÊME.

88 Un Intérieur de Chambre de Payſan, dans laquelle on compte neuf figures, toutes variées d'attitudes & de caractères; on y diſtingue une femme aſſiſe près d'un tonneau, donnant à boire à ſon enfant, plus loin trois Payſans aſſis, s'amuſent à chanter, tandis qu'un autre, debout, les écoute, dans le fond de la Chambre, à droite, deux Payſans & un enfant ſont devant une cheminée. Ce Tableau, tranſparent de couleur & fin de touche, eſt du bon tems de cet Artiſte. Hauteur 6 pouces 9 lignes, Largeur 8 pouces 9 lignes.

JEAN BREUGHEL dit DE VELOURS.

89 La vue d'un Village de Flandres, au travers duquel paſſe un grand Canal glacé, où ſe voyent des Patineurs & gens qui vont en traineaux, le devant eſt occupé par un parapet entouré d'une rampe où ſont nombre de cochons, qui annonce cet endroit pour un Marché; pluſieurs barques chargées de marchandiſes & différentes figures,

font diftribuées dans ce Tableau, qui eft d'une compofition très-intéreffante. Hauteur 21 pouces, Largeur 31 pouces, B.

THEBALDE MICHAUD.

90 Deux Tableaux, du meilleur tems & des plus agréables que l'on puiffe trouver de ce Peintre. Ils repréfentent différents Payfages & vues de Villages de Flandres, ornés chacun de grand nombre de figures, chariots & divers animaux. Ces deux morceaux, d'un détail amufant, ne laiffent rien à défirer, puifqu'ils repréfentent la nature. Hauteur 10 pouces & demi, Largeur 14 pouces 3 lignes. B.

PAR LE MÊME.

91 Deux autres Tableaux, d'un ton de couleur très-frais & très-agréable par leur compofition. Ils repréfentent chacun des Vues de Villages, traverfées d'un grand chemin où paffent des chariots remplis de Payfans, hommes & femmes, quantité d'autres font à pied, & parfaitement diftribués fur les différens plans de ces deux morceaux, dont toutes les parties font touchées avec l'efprit ordinaire aux ouvrages de ce Peintre. Hauteur 17 pouces, Largeur 23 pouces. B.

VAN ARTOIS.

92 Un Payfage largement peint & du plus

beau ton de couleur. Vandermeulen a placé
fur le devant plufieurs Seigneurs de la
Cour de Louis XIV, qui font à cheval.
On remarque encore fur une hauteur un
Berger, appuyé fur un bâton, gardant
fon troupeau. Ce morceau fait facilement
& vîte, a tout l'effet de la nature. Hauteur
36 pouces, Largeur 48 pouces. T.

PAR LE MÊME.

93 Deux jolis Payfages, auffi ornés de figures par Vandermeulen. Hauteur 4 pouces, Largeur 6 pouces 3 lignes. C.

PAR LE MÊME.

94 Deux jolis Payfages auffi ornés de figures, par Vander Meulen. Hauteur 4 po.
Largeur 6 pouces 3 lignes. C.

VANDERMEER.

95 Deux Tableaux très-clairs & des plus
fins de ce Maître. Ils repréfentent différens Ports de mer, & font ornés de quantité de figures, dans lefquels on diftingue
plufieurs Dames à cheval & des gens qui
conduifent des mulets chargés & des cha-
meaux. Hauteur 7 pouces 6 lignes, Largeur 9 pouces 6 lignes. C.

GODEFROY SCALKEN.

96 L'Intérieur d'une Chambre éclairée à

gauche par une croifée ; l'on y voit une femme âgée vêtue d'un manteau de lit de velours couleur pourpre brodé en or & fourré. Elle eft affife auprès d'une table, fur laquelle eft fon perroquet à qui elle préfente le doigt de la main droite, & de l'autre un morceau de bifcuit : auprès de la même table, un homme ajufté d'un habit à grandes manches eft affis, tenant un verre de vin blanc. Ce Tableau gracieux dans les caraĉteres, eft auffi précieux & intéreffant que l'on puiffe le defirer. Malgré le nom de Mieris, dont ce morceau eft figné, tout caraĉtérife la maniere & le ton de couleur de Scalken. Hauteur 10 pouces. Largeur 8. B.

PH. WOUVERMANS.

97 Un Payfage dans le milieu duquel paffe un chemin où l'on voit un Cavalier fur un cheval blanc, qui donne l'aumône à un pauvre, près duquel eft une femme chargée d'un panier fur fon dos. A la droite du Tableau font deux troncs d'arbres, & à gauche un lointain de prairies & des montagnes. Ce morceau agréable, & d'un bel émail de couleur, eft peint fur bois. Hauteur 12 pouces. Largeur 9 pouces 6 lignes.

PAR LE MÊME.

98 Un bon Tableau repréfentant l'Intérieur

d'une roche dans laquelle eſt placé un
tombeau ; au milieu eſt un homme vêtu à
l'eſpagnol, & monté ſur un cheval blanc ;
plus loin un chien abboie, & à la gauche eſt un chemin qui conduit à l'ouverture de la roche, par laquelle on découvre des lointains de montagnes & une
partie de ciel. Hauteur 14 pouces. Largeur 11. B.

PAR LE MÊME.

99 Un Payſage pris dans les bruyères d'An-
vers, & coupé de pluſieurs chemins ; on
remarque à la droite, ſur une hauteur,
une habitation de Payſans entourée de
hayes & de planches ; dans le milieu, un
lac au bord duquel ſont deux Payſans &
un chien. A gauche, ſur un chemin,
paſſe un homme à cheval, & plus loin
diverſes figures. Le lointain eſt terminé
par des dunes élevées & frappées d'un
coup de ſoleil, qui annonce le couchant.
Ce Tableau réunit au ton de couleur le
plus vrai, une touche ferme & une en-
tente de plans admirable. Hauteur 8 pouces 6 lignes. Largeur 9 pouces 9 lignes.
B.

PAR LÉ MÊME.

100 Deux Tableaux d'une riche compoſition, & qui paroiſſent avoir été peints
en Italie. Ils repréſentent l'un un départ

de chaffe, l'autre un retour ; dans l'un
on remarque deux Cavaliers qui fe fa-
luent, & plus loin une Dame portant
un oifeau de proie fur le poing. Des prairies entrecoupées de rivieres en terminent
le fond. Dans l'autre on voit à la droite
différens perfonnages à cheval, & à gauche un abreuvoir, dans lequel un valet
conduit des chevaux. Hauteur 22 pouces.
Largeur 29. T.

P H. W O U V E R M A N S.

101 Un Tableau, dont l'effet eft un Soleil
couchant. Le milieu eft un terrein élevé
qui laiffe voir en plan coupé un Cavalier
habillé de rouge, avec une Dame auffi à
cheval, & un Homme qui fouffle dans
un cornet de chaffe. Près d'eux eft un
homme affis, & fur le devant une marre
dans laquelle deux chiens fe défalterent.
A droite eft placée une chaumiere & des
arbres. Ce Tableau, d'une touche ferme
& précife, eft auffi d'un effet piquant &
d'un bon ton de couleur. Hauteur 8 pouces 6 lignes, Larg. 10 pouces. B.

C O R N E I L L E P O E L E M B U R G.

102 Deux Payfages & Fabriques de la plus
grande fineffe ; dans l'un, on voit pour
figures le Repos de la fainte Famille ; dans

l'autre Tobie & l'Ange. Hauteur 6 pouces
& demi, Largeur 8 pouces 9 lignes. B.

DIRICK VANDEN BERGEN.

103 Deux Tableaux d'une grande fineſſe &
dignes d'être comparés avec les meilleurs
ouvrages de Vandenvelde ; ils repréſentent
des payſages, dans chacun deſquels ſont
de belles vaches & des moutons. L'on remarque dans l'un une Payſanne aſſiſe, tenant
dans ſon bras une corbeille de fruits :
dans l'autre, une Femme eſt appuyée ſur
les genoux d'un Berger qui joue du fla-
geolet ; ils ſont aſſis au bas d'une haie qui
entoure un pré, où l'on voit un cheval
blanc. Ces deux morceaux méritent une
grande diſtinction dans les ouvrages de ce
Peintre. Hauteur 21 pouces & demi, Largeur 25. T.

PAR LE MÊME.

104 Un autre Payſage de ſite montagneux ;
ſur le devant duquel on voit une jeune
Payſanne aſſiſe gardant trois vaches, un
mouton, une chévre & un âne. Hauteur
13 pouces, Largeur 17. T.

ISAAC VAN OSTADE.

105 Un Payſan aſſis au pied d'un vieux
arbre & devant lui un cheval blanc. Ce
Tableau, d'un ton de couleur doré, eſt

auſſi bien peint & naturellement rendu qu'il ſoit poſſible. Hauteur 11 pouces, Largeur 9 pouces & demi. B.

O S T A D E.

106 L'intérieur d'une grange dans le milieu de laquelle , & auprès d'une cheminée conſtruite en brique, on voit une vieille Femme aſſiſe parlant à un Payſan qui eſt debout; plus loin ſont un jeune garçon & un chien. Ce morceau touché avec goût eſt auſſi d'un beau ton de couleur. Hauteur 12 pouces 9 lignes, Largeur 17 pouces & demi. B.

J E A N L I N G H E L B A C K.

107 Une Chaſſe au Héron, dans une plaine étendue. On voit dans le milieu un Cavalier qui lâche un faucon; près de lui eſt un valet qui tient par la bride un cheval gris pommelé : plus loin à gauche eſt une Dame à cheval, des chiens & des Piqueurs : quelques Chaſſeurs & des chiens tenus en leſe ſont différemment placés dans ce Tableau dont le ton de couleur argentin & la pureté de la touche le font regarder comme un des plus parfaits de cet habile Peintre. Hauteur 11 pouces, Largeur 14. B.

Jean Le Duc.

108 L'Intérieur d'une prifon dans laquelle
on voit à la gauche un groupe de Soldats
qui fe chauffent, & dans le milieu un Officier qui paroît venir vifiter des Malfai-
teurs: on en voit deux avec foumiffion
devant un Sergent qui les queftionne : à
la gauche & fur le devant un Soldat eft
endormi fur un tambour. Ce Tableau fup-
plée au mérite d'une compofition bien liée
celui d'une touche précieufe & beaucoup
de caractere dans les têtes. Hauteur 14
pouces, largeur 22. B.

Corneille Dusart.

109 Le dehors d'une auberge à la porte de
laquelle font plufieurs Payfans occupés à
boire & à fumer. On en voit un dans le
milieu affis fur un banc, les jambes nues,
tenant fon verre & paroiffant chanter ; à
la gauche, fous une treille, on voit un
cheval blanc attelé à un chariot & auprès
de lui un valet qui coupe des tranches de
pain ; dans le fond, on voit encore une
chaumiere entourée d'une haïe & des arbres.

Ce Tableau, d'un beau ton de couleur
& d'une compofition très-vraie, peut fou-
tenir comparaifon avec les ouvrages d'Of-

tade dont ce Peintre étoit le difciple. Hauteur 13 pouces, Largeur 16. B.

Par un Disciple de Krel-Dujardin.

110 Un Tableau, très-naturellement rendu,
tant par la touche que par le ton de couleur : il repréfente le dehors d'une auberge
à la porte de laquelle font arrêtés un Cavalier & une Dame à cheval, avec leur
fuite pour fe rafraîchir : à la gauche eft un
valet fur un cheval blanc & trois chiens ;
plus loin, près d'un grand mur, au deffus
duquel s'éleve des arbres, on voit un
homme qui tient un cheval par la bride ;
quelques autres acceffoires, différemment
placés dans ce Tableau, contribuent auffi
à en rendre la compofition intéreffante.
Hauteur 13 pouces, Largeur 17. T.

Jean Stéen.

111 Un fujet de trois figures dans une chambre de Payfan : la principale eft un homme yvre dans une pofture gigantefque ; fa
femme eft près de lui, qui lui foutient le
bras gauche, tandis que de l'autre il tend
fon verre à un homme qui, en lui verfant
du vin, lui efcamotte fa bourfe. Ce Tableau a du caractère & de la gaité dans la
compofition. Hauteur 10 pouces & demi,
Largeur 9. B.

Guillaume

GUILLAUME HEUS.

112 Un Payſage & Chûte d'eau, à la gauche duquel tourne un chemin qui mene à
un pont de planches où des gens condui-
ſent un troupeau d'animaux ; le milieu eſt
occupé par un groupe d'arbres, & ſur le
chemin à gauche on voit un Cavalier, une
Dame & des Valets portant du gibier. Le
devant eſt encore orné de plantes & brouſſailles. Ce morceau fin de touche, & d'un
bel émail de couleur, peut tenir un rang
diſtingué dans la claſſe des Maîtres Hollandois. Hauteur 11 pouces, Largeur
14. B.

PAUL POTTER.

113 L'Enlévement d'Europe.
    Malgré la ſingularité de cette compoſi-
tion dont les figures ſont preſque de grandeur naturelle : on découvre des vérités de
nature qui caractériſent l'habile homme
qui en eſt l'Auteur. Largeur 58 pouces, hauteur 60. T.

ERNETZ DIETRICCI.

114 Deux Tableaux repréſentans différens
Payſages de ſites montagneux. Dans l'un
on remarque une grande maſſe de rochers
baignés d'une riviere, & ſur le premier
plan, auſſi à la gauche, eſt une pelouſe
D

fur laquelle un Berger eſt couché gardant fon troupeau. Le pendant offre à la gauche un groupe de gros arbres & des brouſſailles, & fur une hauteur de belles Fabriques. Le devant eſt occupé par un chemin, fur lequel paſſe un Berger conduiſant fon troupeau. Ces deux morceaux, d'un mérite ſupérieur & d'un détail auſſi précieux que juſte, font auſſi du plus beau ton de couleur & digne de tenir le rang le plus diſtingué dans une riche Collection. Hauteur 19 pouces, Largeur 28 pouces. T.

DIETRICCI.

115 Deux autres Payſages, d'une grande fineſſe & du ton de couleur le plus agréable. Ils repréſentent différens ſites montagneux, chacuns ornés de quelques figures ; dans l'un on voit un Pont de bois au bout duquel eſt une croix, & un lac qui baigne des rochers. Dans l'autre, un Pont de planche où paſſe un Homme & un chien. Ces deux morceaux, dont les arbres bien feuillés ſe détachent ſur des ciels clairs & bien nuagés, font d'un mérite égal au précédent, & nous paroiſſent auſſi de Dietricci. Hauteur 10 pouces & demi, Largeur 13 pouces 9 lignes. B.

JACQUES RUYSDAAL.

116 Deux Payſages, d'une grande vérité de

nature & d'une touche auſſi juſte que ſpirituelle. Dans l'un on remarque un chemin qui conduit à un bois, dans l'autre,
des dunes & bruyeres ſémées de quelques
arbres. A la droite, dans l'éloignement,
on diſtingue une étendue de mer. Chacun de ces deux jolis Tableaux ſont ornés de figures. Hauteur 9 pouces, Largeur 12 pouces 9 lignes. B.

CRAESBECK.

117 Un Sujet de deux Figures, vues plus
qu'à mi corps, près d'une table. L'une eſt
une Femme, coëffée d'un chapeau de
paille, elle eſt occupée à couper du tabac
pour fumer, tandis qu'un homme, appuyé
ſur ſon coude, la regarde. Ce morceau
eſt d'un bon ton de couleur & naturellement rendu. Hauteur 7 pouces & demi,
Largeur 6 pouces & demi. B.

JEAN VAN GOYEN.

118 Une Vue du côté le plus large de la
Meuſe ; on y diſtingue une barque à voile,
& près du rivage, quatre bœufs & des
Pêcheurs dans un bateau, qui retirent leurs
filets ; on voit encore dans le lointain des
barques à voiles, un clocher de village
& des moulins. Ce morceau, tranſparent
de couleur & léger de touche, eſt d'une
vérité à faire l'illuſion de la nature. Hau-

teur 13 pouces, Largeur 22 pouces &
demi. B.

VAN GOYEN.

119 Un Payfage, traverfé d'un grand chemin, fur le haut duquel on voit un Chariot rempli de monde, le Conducteur eft
arrêté, tenant fon fouet d'une main, à
la droite deux Payfans caufent enfemble.
Ce Tableau, de mérita, eft auffi naturellement rendu que le précédent. Hauteur
10 pouces & demi, Largeur 13 pouces
& demi. B.

PAR LE MÊME.

120 Un Payfage, du meilleur choix dans
ceux de ce Peintre, réuniffant à une touche de goût & très-fpirituelle, un ton de
couleur brillant & argentin; on voit fur le
devant deux Payfans affis au bord d'un
canal, s'amufant à pêcher à la ligne. Hauteur 11 pouces, Largeur 14 pouces. B.

PAR LE MÊME.

121 Une Vue de la Meufe du côté d'un
Village, où des Gens paffent dans un bac;
dans l'éloignement, on diftingue plufieurs
barques, & fur le devant, deux Hommes
qui pêchent à la ligne. Ce Tableau, dans
lequel il y a du mérite, eft de forme
ronde diamètre. 20 pouces. B.

PAR LE MÊME.

122 Un autre Payſage & Marine, orné de quelques figures. Ce morceau eſt auſſi du nombre des ouvrages que ce Peintre a le plus naturellement rendu. Hauteur 14 pouces, Largeur 19 pouces & demi. B.

OBÉMA.

123 Un Payſage vigoureux de couleur & graſſement peint. La gauche préſente un touffu d'arbres entourés d'un canal, où l'on voit deux hommes qui ſortent un bateau d'une remiſe. Le fond ſe termine par des lointains de prairies & des arbres. au deſſus deſquels on découvre le clocher d'un Village. Hauteur 15 pouces. Largeur 22 & demi. B.

VRIES.

124 Un Payſage & maiſon de Payſans, conſtruite en briques, ſur le bord d'un canal, où l'on voit une baraque faite de planches, & une femme ſur la porte. Ce Tableau a de la couleur & du goût dans la touche. Hauteur 11 pouces & demi. Largeur 10 & demi. B.

PIERRE MOLIN.

125 Un Tableau, qui réunit à une grande vérité de nature, un bon ton de couleur.

Il repréfente un Payfage & Vue de riviere orné de diverfes figures. Hauteur 15
pouces. Largeur 19. B.

BONAVENTURE PÉTERS.

126 Une Vue de mer par un tems d'orage,
on remarque deux vaiffeaux tourmentés
par les flots, & à gauche un fort & différens perfonnages qui paroiffent effrayés.
Ce morceau, rendu avec force & vérité,
porte 17 pouces de large, fur 23 pouces
6 lignes. B.

VAN BEGEN.

127 Un Payfage, rochers & fabriques,
traverfés d'une riviere qui paffe fous une
grande arche. Le devant eft orné de figures & animaux. Ce Tableau, d'un détail intéreffant & d'un bon ton de couleur, tient beaucoup dans le Payfage à la
maniere de Jean Both. Hauteur 31 pouces. Largeur 44. T.

VANDER POEL.

128 L'Intérieur d'une Ecurie dans laquelle
on voit deux chevaux à un ratelier, &
auprès d'eux un valet; à la gauche, fur
le devant, un chariot à quatre roues, &
à droite une croifée grillée, par laquelle
on découvre du payfage. Ce Tableau,
d'une précifion de touche admirable, &

rendu dans les détails avec vérité , mérite une diftinction particuliere dans les ouvrages de ce Maître. Hauteur 12 pouces. Largeur 17 & demi. B.

PIERRE WOUVERMANS.

129 Deux belles copies d'après Ph. Wouvermans. L'une repréfente un Départ de chaffe ; l'autre eft gravé fous le titre de l'Abreuvoir. Hauteur 16 pouces. Largeur 23. T.

KLEN, Difciple de Déitricci.

130 Deux riches Payfages, avec fabriques & diverfes figures. Ces morceaux touchés avec facilité & d'un bon ton de couleur, approchent beaucoup de la manière de Diétricci. Hauteur 10 pouces, Largeur 14.

KRAAUS.

131 Une femme & deux enfans regardant un Savoyard qui fait danfer des Marionnettes fur une planche. Ce tableau, dont le fujet eft naturellement rendu , porte 13 pouc. & demi de large , fur 11 & demi. T.

D'après TENIERS.

132 Un Sujet de trois figures dans un Payfage. L'on remarque une jeune Bergere coëffée d'un chapeau de paille, & tenant une flûte pour accompagner un Berger

qui joue de la cornemuſe. Ce Tableau eſt parfaitement copié par un Flamand. Hauteur 10 pouces 3 lignes. Largeur 7 pouces & demi. C.

MAITRES ITALIENS.

FRANÇOIS ALBANE.

133 L'Annonciation à la Vierge; ce Tableau très-fin & d'un beau fini, eſt peint ſur cuivre. Hauteur 15 pouces. Largeur 10.

LE GUIDE.

134 La figure d'un Ange repréſentée juſqu'à mi-corps, la tête de profil, & vêtu d'une robe blanche. Ce morceau, bien deſſiné & bien peint, paroît être une étude pour le ſujet de l'Annonciation. Hauteur 16 pouces. Largeur 14. T.

PAR LE MÊME.

135 La Magdeleine repréſentée à mi corps; la tête élevée, regardant le ciel; elle eſt coëffée de grands cheveux bruns retombant ſur ſes épaules, qui en ſont en partie couvertes. Ce morceau, d'une belle expreſſion, eſt regardé de pluſieurs Connoiſſeurs pour être du Guide. Hauteur 29

pouces. Largeur 22 & demi. T. forme ovale, dans une bordure quarrée.

G O F R E D I.

136 Deux Tableaux de forme ronde, représentant chacun l'entrée d'un bois ; dans l'un, dont l'effet est un clair de Lune, on voit auprès d'un canal un feu où des gens se chauffent ; l'autre annonce une belle matinée. Il est aussi orné de quelques figures. Ces deux morceaux sont aussi parfaits qu'il se puisse trouver de ce Maître. Diametre 9 pouces. C.

MAITRES DE DIFFÉRENTES ÉCOLES.

137 La naissance de la Vierge ; Esquisse d'une bonne couleur par un Maître Italien. Hauteur 10 pouces, Largeur 8. C.

138 Jésus-Christ à table avec ses Apôtres. Ce Tableau, de grand mérite, paroît être d'un Maître Italien. Hauteur 10 pouces, Largeur 16 pouces & demi. C.

139 Une Esquisse par Trémoliere, sujet symbolique à l'Eglise. Hauteur 15 pouces, Largeur 10. T.

140 Une autre Esquisse, sujet allégorique par un Maître François. Hauteur 14 pouces, Largeur 10. T.

141 La Vierge tenant l'Enfant Jéfus ; Efquiffe facilement touchée par Ménageot. Hauteur 15 pouces, Largeur 10. T.

142 Une Prédication, par un Auteur inconnu.

GOUACHES ET DESSINS MONTÉS SOUS VERRE.

JOSEPH VERNET.

143 Deux Deffins à la pierre noire, fur papier blanc, lavés à l'encre de la Chine ; ils repréfentent des Payfages & Vues de riviere. Dans l'un, on voit un homme & une femme qui retirent leurs filets d'un bateau : dans l'autre, un homme pêche à la ligne , & parle à une femme qui eft affife fur une pierre.

HONORÉ FRAGONARD.

144 Un Deffin aquarellé & compofé avec beaucoup de feu & d'efprit ; il repréfente un payfage au milieu duquel eft une belle vache blanche & un troupeau de moutons ; un petit garçon eft derriere qui tient fon bâton levé pour frapper deffus étant accompagné d'un chien.

PAR LE MÊME.

145 L'intérieur d'une étable où l'on voit un

bœuf à son ratelier. Ce morceau aussi librement & spirituellement touché que le précédent, est lavé de bistre sur papier blanc.

M. DE BOISSIEU, Amateur.

146 Un Dessin fait à la plume & lavé de bistre ; il représente une Vue d'après nature des environs de Lyon.

LAVREINS.

147 Une jeune Dame dans son appartement. Elle paroît sortir de son lit & est assise dans un fauteuil, le pied sur une chaise de paille, mettant sa jarretiere ; à la gauche est une table de nuit, & à la droite un secrétaire, sur lequel est posé un vase de porcelaine. Ce morceau joint à la touche juste & précise de ce Peintre, un choix de sujet on ne peut plus agréable.

PAR LE MÊME.

148 Deux intérieurs de Chambre, chacune meublée d'un lit, l'un jaune l'autre vert. Ces deux morceaux, légerement aquarellé, sont très agréables par leur composition.

PAR LE MÊME.

149 Une jolie personne vue à mi-corps &

coëffée en cheveux, elle eſt aſſiſe ſur une
chaiſe où elle s'eſt endormie, ſa gorge
eſt preſque découverte & ſes mains croi-
ſées l'une ſur l'autre.

150 L'Education de la Vierge, deſſiné au
fuſin & du plus grand effet, par Fragonard.

151 La Bouquetiere de l'Opéra. Ce Deſſin
charmant eſt colorié par François Boucher, & vient du Cabinet de M. Blondel
de Gagny, n° 381 de ſon Catalogue.

152 Deux Buſtes d'Enfans, deſſinés avec
ſoin au trois crayons ; ils ſont ſignés Méon.

153 Une Femme portant la hotte, Etude
deſſinée d'après nature, par M. Vielch.

F R A N C E D E L I E G E.

154 Deux Deſſins remplis de vérité & d'un
bon effet. L'un repréſente des Forgerons.
L'autre un intérieur de chambre, où l'on
voit un homme aſſis & vu par le dos, qui
parle à une femme occupée à coudre, derriere elle eſt un Moine, plus loin, à droite,
trois hommes & un autre Moine cauſent
enſemble.

P H. C A R Ê M E.

155 Un intérieur de chambre de Payſans ;
on y compte quinze figures hommes &
femmes occupés à danſer & à ſe divertir.

Cette jolie compofition eft peinte à gouache.

156 Quelques Deſſins qui feront détaillés.

B R O N Z E S ET P E N D U L E S.

157 Deux groupes compofés chacun de trois
figures ; l'un repréfente l'enlevement d'une
Sabine ; l'autre celui de Proferpine. Le
premier, par Jean de Boulogne ; le deuxiè-
me, par François Girardon. Hauteur 20
pouces, fur des pieds de bronze doré.

158 Deux autres jolis groupes, auſſi chacun
de trois figures ; l'un eſt un Bacchus porté
par deux Satyres ; l'autre, une Erigone
foutenue par une Bacchante & un Satyre.
Ces deux morceaux d'une bonne fonte font
portés fur des focles à feuilles d'ornement
en bronze doré d'or moulu.

159 La Statue équeſtre de Henri IV, très-
bien modelée & réparée, fur focle de marbre ftatuaire.

160 Une bonne Pendule à tirage par Pierre
le Roy, renfermée dans une boëte à cartel,
furmontée d'une figure de femme tenant
une étoile caractérifant le Point du jour.

161 Une autre Pendule à tirage, auſſi forme
de cartel, portant le nom de Jean-Baptiſte
du Tertre.

PORCELAINES COLORIÉES DU JAPON.

162 Deux Urnes rondes, couvertes à cartouches, fond blanc & fleurs, féparé d'un compartiment fond noir, relevé de fleurs.

163 Deux Urnes à huit pans, couvertes à cartouche de fleurs & mofaïques, fond bleu & blanc.

164 Quatre Vafes, nommés jafmins, à touffes de feuillages coloriés.

165 Une Caffolette à Lion fur le couvercle, avec fon plat à modele dans le fond.

166 Une grande Jatte & un Plat à Barbe, à bord feftonné & rabatu.

167 Deux Caiffes quarrées, à branchages & fleurs de relief, garnies de pied à feuilles d'eau, de montant fur les angles, anfes, bord à gaudron, & doublure de bronze doré.

168 Deux Tortues à fleurs, fur leur tronc, fond brun.

169 Deux grandes Soucoupes & deux Couvercles, coloriés.

170 Une douzaine d'Affiette, à deffins, tracés en quarrés dans le fond, à légers branchages & oifeaux, les bords à deffins bleu.

171 Une autre douzaine, à deffins courans & à modele dans le fond.

PORCELAINES COLORIÉES
DE LA CHINE.

172 Un Rouleau, fond bleu lapis, cartouches à payfages, oifeaux, pagodes & autres cartouches au bas du collet, à fujets
d'animaux. Hauteur 29 pouces.

173 Deux Rouleaux fond bleu lapis, à cartouches fond blanc, à fleurs & oifeaux.
Hauteur 17 pouces.

174 Deux Vafes, forme de feau, à bord
rabattu : de 10 pouces de haut.

175 Deux Rouleaux à fujets, de plufieurs
grandes pagodes, agréablement drapées.
Hauteur 25 pouces.

176 Deux Bouteilles de nouveau la Chine,
à groffe panfe, fond vert à fleurs, cartouches fond blanc, à pagodes. Hauteur
14 pouces.

PORCELAINES DU JAPON
ET DE LA CHINE.

177 Une Urne bleu & blanc, couverte,
deffins à broderie.

178 Une Théiere, à six pans, à magot,
de relief. Un Pot à lait & un Gobelet
d'ancien blanc.

179 Deux grands Pots à lait, japonnés.

180 Deux petites Terrines couvertes, de
nouveau la Chine, avec leur plat.

181 Quatorze Affiettes & deux Plats, dont
un caffé de porcelaine bleu & blanc.

182 Deux petits Compottiers, deux Soucoupes, d'ancien bleu & blanc.

183 Deux Plateaux quarrés, & une petite
Caffetiere de porcelaine japonnée.

184 Un grand plat japonné, & une Jatte
de la Chine fêlée.

185 Vingt-fept Affiettes bleu & blanc à pot
de fleurs dans le fond.

PORCELAINES D'ANCIEN SAXE.

186 Deux Eperviers fur leur tronc à fleurs
& oifeaux.

187 Une Jatte à huit pans à oifeaux, gerbes
& fleurs, imitée fur l'ancienne, fur un
grand

grand plateau de forme ovale à lapins &
écureuils, panneau à mosaïques.

188 Trois Vases à fleurs de relief & cartouches, renfermant des Sujets pastorals ,
genre de Watteau. Ils font de bonne forme, & garnis d'anses & collets en bronze
doré d'or moulu.

189 Deux Pots à oille couverts, fur leur
plat à fleurs & animaux.

190 Deux petits Amours & deux figures
de porcelaine de Saxe, dont une tient un
chien, & l'autre un oifeau.

191 Deux Pots à tabac à quatre pans, mi-
niature & fleurs à deffins de relief.
Une Chocolatiere fond verd à cartouches fond blanc & fleurs.

192 Dix huit Affiettes bleu & blanc.

193 Six petites Corbeilles à jours ovales,
& quatre petites rondes à tige de fleurs.

PORCELAINES DE SEVE.

194 Deux grands Seaux à oreilles, fond
blanc, à deffin de Cigogne, Oifeaux &
branchages.

195 Deux autres Seaux auffi à fujets d'Oifeaux.

E

196 Quatre Corbeilles à pans arrondis fond bleu-célefte & or.

197 Un grand Gobelet à lait, couvert, à deux anfes, avec fon plateau fêlé à deffins de Mofaïque fond verd & blanc.

198 Un petit plateau quarré, avec fa taffe & fa foucoupe, fond lilas, à cartouche fond blanc à fujet d'enfans.

199 Douze Affiettes de Seve fond blanc, à bord d'ofier & cordon bleu.

200 Vingt-quatre Affiettes fond blanc, à petit bord bleu.

201 Vingt-trois Affiettes, fond blanc, de différens deffins.

202 Une Taffe à anfe avec fa foucoupe fond blanc & or ; une plus petite & fa foucoupe fond aventurine, à pagodes, avec deux feaux à trépieds, fond blanc : une petite caffetiere & un petit pot à patte à fleurs coloriées.

203 Deux Pots à jus couverts, deux petits Vafes & deux grandes Soucoupes.

---

204 Trois Corbeilles ovales à jour de taule peinte,

205 Un beau Néceffaire compofé de fept

flacons en criftal de roche, & garni de gorges, boutons & chaîne d'or.

206 Une Lunette Angloife.

F I N.

Lu & approuvé, ce 27 Mars 1780. RENOU, pour M. COCHIN.

Vu l'app. permis d'imprimer ce 29 Mars 1780.
LE NOIR.

De l'Imprimerie de PRAULT, Imprimeur du Roi, Quai de Gêvres.

SUPPLEMENT AU CATALOGUE

Dont la Vente commencera Mercredi 5 Avril 1780, & jours suivans.

CONSISTANT en Tableaux, Deſſins, Bronzes, Terres cuites, Buſtes & Vaſes de Porphyre, Néceſſaire garni de vermeil, Meubles de Boule & d'ancien Laque, Porcelaine, & autres Objets curieux.

TABLEAUX.

ECOLE FRANÇOISE.

P. SUBLEYRAS.

N°. 207 DEUX Tableaux allégoriques ; l'un à la Peinture, l'autre à la Sculpture : ces deux morceaux, ingénieuſement compoſés & d'un beau pinceau ont été faits par cet Artiſte pour M. le Duc de Saint-Aignan. Ils ſont chacun ſur une toile de 70 pouces de large, ſur 40 de haut.

ANTOINE WATTEAU.

208 Un des plus charmans Tableaux de ce

Maître & des mieux conservés, on y voit dans un bosquet agréable six figures admirablement groupées, & un petit chien. Ce morceau est gravé, & l'on y joint l'Estampe connue sous le nom du Concert. Il est peint sur bois. Hauteur 13 pouces, Largeur 13 pouces 6 lignes.

J. B. PATER.

209 Un Bal champêtre d'une composition variée & très-agréable ; l'on y compte plus de quarante figures hommes & femmes. Le milieu présente l'entrée d'un grand vestibule pavé en grands carreaux de marbre à compartimens : on voit une jeune Dame dansant un menuet avec un homme dont l'habillement est dans le genre espagnol : à gauche & à droite sont placés en amphithéâtre les différens personnages de cette fête : le fond de ce Tableau intéressant est terminé par des lointains de montagne bien entendus & d'un effet juste. Hauteur 26 pouces, Largeur 34. T.

BÉNARD.

210 L'intérieur d'une grande cuisine, à la droite de laquelle on voit une jeune servante qui tient un Livre ; elle est appuyée sur une table où sont posés différens légumes, & parle à un homme qui est auprès d'elle & en devant un enfant qui caresse un chien : dans l'enfoncement, on distin-

gue différens perſonnages à table, & à gauche près d'une cheminée, on voit encore
un homme aſſis ſur un banc, deux enfans
& une femme : cette compoſition eſt auſſi
intéreſſante que la touche en eſt légere &
ſpirituelle. Hauteur 12 pouces, Largeur 15.
Toile.

JACQUES CAZE.

211 Deux Tableaux très fins, repréſentant
différens ſujets de Fable. Ils ſont de forme
ovale. Hauteur 16 pouces, Largeur 13 &
demi. C.

CARLE VANLOO.

212 Une Eſquiſſe terminée, repréſentant la
feue Reine, ajuſtée de ſes habits de Cour :
on voit à ſes pieds la France perſonnifiée
lui préſentant une couronne de lauriers.
Ce morceau, d'un beau pinceau & largement compoſé, porte le caractere annexé
aux ouvrages de ce célebre Peintre. Haut.
20 pouces & demi. Larg. 15 & demi. T.

JEAN-BAPTISTE GREUZE.

213 Deux Buſtes en regard, & faiſant pen-
dans. L'un repréſente une jeune fille ayant
la tête penchée, & la gorge à demi découverte ; l'autre eſt un jeune garçon.
Ces deux morceaux, dont le caractere des
têtes & l'expreſſion ſont admirables, ont

été gravés, & font connus fous le titre du petit Frere & de la petite Sœur. Hauteur 17 pouces, Largeur 14. Toile.

C A S A N O V A.

214 Un Départ de Chaffe au vol: on remarque dans le milieu de ce Tableau un homme fur un cheval blanc, tenant fur fon poing un faucon ; il eft précédé d'un valet qui tient des chiens en lefe ; à la gauche, entre des rochers, on diftingue plufieurs Chaffeurs. Hauteur 24 pouces. Largeur 32. T.

J E A N - B A P T I S T E   L E   P R I N C E.

215 Un Payfage où l'on voit devant une chaumiere une compagnie de feize Payfans Ruffes s'amufant à boire & jouer à la boule : à la droite, fous un toît de chaume, des hommes & femmes font à table : la gauche offre une vue de riviere & des lointains de prairies. Ce Tableau, d'un fite & d'une compofition intéreffante, eft touché avec efprit. Hauteur 13 pouces. Largeur 16. Bois.

P A R   L E   M Ê M E.

216 Un Payfage d'un bon ton de couleur, & d'une agréable compofition. L'on voit au bas d'une colonne milliaire une jeune

femme affife tenant un de fes enfans fur
elle, & en ayant un autre à fa gauche qui
fe tient à cheval fur un mouton. Il eft
regardé par un Berger qui eft appuyé fur
fon bâton, & gardant fon troupeau. A la
gauche, au bout d'un chemin, on diftingue un chariot & des lointains de montagnes. Hauteur 13 pouces & demi, Largeur 17. B.

HUBERT ROBERT.

217 Une Vue & Perfpective de la premiere
Arche du Pont Notre-Dame , faifant le
deffoùs du Quai de Gêvres. Dans l'éloignement on diftingue le Pont Neuf: plufieurs figures analogues font placées dans
ce Tableau, dont l'effet eft rendu avec une
extrême vérité. Hauteur 20 pouces. Largeur 28. T.

H. FRAGONARD.

218 Une charmante Etude, & de l'effet le
plus piquant par la magie de la couleur :
elle repréfente un Sultan affis fur un fo-
pha. H. 5 po. 9 lig. L. 4 po. 3 lig.

DE LA RUE.

219 Deux petits Tableaux fur bois , repréfentant différentes Marches de Cavalerie.
Hauteur 2 pouces. Largeur 4 pouces &
demi.

ÉCOLE DES PAYS-BAS.

PAUL BRIL.

220 Un des beaux Payfages de ce Peintre ;
& parfaitement confervé : la gauche préfente des rochers élevés & couverts d'arbres : le milieu eft un lac très-étendu , retombant en cafcades entre des pierrailles :
à gauche , on voit des gens qui conduifent des mulets dans un chemin qui mene
à des côteaux enrichis d'arbres & de fabriques dans lefquelles on diftingue un
Temple antique : un ciel frais & bien
peint termine le fond de ce Tableau , qui
faifoit partie de la Collection de Monfei-
gneur le Prince de Conty. Hauteur 16
pouces & demi, Largeur 22 pouces &
demi. T.

P. P. RUBENS.

221 La Vierge affife tenant l'Enfant Jéfus
fur fes genoux : Si ce Tableau n'eft pas
d'une correction de deffin parfaite , ni
d'une touche jufte & facile , telle que les
chefs-d'œuvres de ce Peintre , il porte le
caractere original par le brillant & la fraî-
cheur de la couleur. Au furplus un Tableau de plus ou de moins fur le compte
de Rubens , ne peut nuire en aucune

maniere à sa réputation. Hauteur 36 pouces, Largeur 26. B.

DAVID TENIERS.

222 Un Tableau de forme ovale, & du bon tems de ce Peintre. Il repréfente un Intérieur de Chambre de Payfans. On en voit un à la droite affis fur un billot, qui pince de la guitarre, & s'accompagne en chantant. Une vieille Femme, qui eft derriere lui, l'écoute, & tient un verre dans fa main, près d'une féparation faite dans cette chambre, on voit une Femme & quatre Hommes: deux jouent aux cartes, & les autres regardent. Hauteur 9 pouces, Larg. 12. B.

PAR LE MÊME.

223 Un Intérieur de Chambre de Payfans. Sur le premier plan on en voit un endormi; plus loin trois hommes s'occupent à fumer; & dans le fond, l'on en remarque un autre qui ouvre une porte. Ce Tableau bien peint & d'une bonne couleur, porte 9 pouces de large, fur 12 de haut. B.

J. BREUGHEL, dit DE VELOURS.

224 Deux Payfages, l'un par Breughel eft très-fin, & orné d'un chariot & des Cavaliers. Le Pendant, auffi orné de figures,

eft de Roland Savari. Hauteur 4 pouces
3 lignes, Largeur 7 pouces. C.

THÉOBALDE MICHAUX.

225 Deux jolis Payfages ornés de figures :
l'on remarque dans l'un une tour dans des
brouffailles, au bas defquelles eft un champ
de bled que moiffonnent deux Payfans ;
la droite eft occupée par un chemin où
paffent deux hommes, une femme & un
cheval. Le pendant, auffi agréable par le
ton de couleur & la touche, fait voir à
droite un Payfage fur une roche baignée
d'une riviere, fur laquelle eft un pont où
paffent un homme, une femme & deux
ânes ; à gauche un Pêcheur porte un échi-
quier, & derriere lui un homme & fon chien.
Haut.   pouces, Larg.   T.

XAVERY.

226 Une Perdrix attachée par la patte, &
divers oifeaux, dont le Martin-Pêcheur.
Ce Tableau, fans être trop vigoureux de
couleur, eft touché avec une légereté admirable & fait parfaitement l'illufion de la
nature. Hauteur 13 pouces & demi, Largeur 9 & demi. B.

LE CHEVALIER FASSIN.

227 Deux Payfages & Fabriques, ornés de
figures & animaux. Ces deux Tableaux de

mérite & purement peints annoncent dans plusieurs parties la considération que ce Peintre a pour les ouvrages de Berghem. Haut. 20 pouces, Larg. 25. T.

R I M B R A N D T.

228 Tobie prosterné à l'apparition de l'Ange. Ce Tableau, dont la pareille composition est au Luxembourg dans le Cabinet du Roi, est estimé une répétition à cause de quelques différences & du ton de couleur. Haut. 24. Larg. 20. B.

B A R T H O L O M É B R É E M B E R G.

229 Un Paysage vu dans les Campagnes de Rome, orné de ruines de monumens; & sur le devant de deux figures, dont le sujet paroît être Rébecca recevant des présens du Serviteur d'Abraham. Ce Tableau est d'un ton de couleur argentin & d'une touche légere. Hauteur 7 pouces. Largeur 14. B.

P A R L E M Ê M E.

230 Un Paysage étendu & chaud de couleur; l'on voit pour figures dans le milieu la lutte de Tobie & de l'Ange. Ce morceau de mérite & du plus grand effet, tiendra toujours un rang distingué dans un beau Cabinet. Hauteur 18 pouces & demi. Largeur 25. B.

CORNEILLE POELEMBURG.

231 Un magnifique Payfage orné de ruines de monumens antiques. Sur le devant on compte huit figures de femmes , dont plufieurs fe baignent ; à la droite, fur un plan éloigné, on en voit quatre autres auffi dans l'eau. Ce Tableau de mérite , & d'une compofition très-agréable , peut être compté au nombre des meilleurs ouvrages de ce précieux Artifte. Hauteur 13 pouces & demi. Largeur 16 & demi. Toile.

EGLON VANDERNEER.

232 Un Payfage & Vue de Rochers, fur le haut defquels font des arbres & brouffailles ; dans le milieu, fur un chemin, on voit un chariot dans lequel eft une femme ; plus loin , des Cavaliers & d'autres figures. Ce Tableau, d'un ton de couleur clair & agréable, eft auffi d'une touche précieufe. Hauteur 12 pouces & demi. Largeur 14 & demi. T.

PAR LE MÊME.

233 Un Portrait d'une grande fineffe : il repréfente un homme vu plus qu'à mi corps ; la tête de trois quarts, coeffé d'une grande perruque, & ajufté d'une robe de chambre. De l'architecture & un coin de ciel terminent le fond de ce Tableau dans

lequel il y a des vérités de nature. Hauteur 10 pouces. Largeur 7 & demi.

ADRIEN VANDERVERF.

234 Un Portrait d'homme : il est repré-
senté de face, vu jusqu'aux genoux, &
coëffé d'une grande perruque noire, selon
l'usage hollandois. Son habillement est
une veste de soie brodée en or, ayant
pardessus un manteau de velours couleur
pourpre. Ce Tableau est aussi bien peint
qu'il soit possible, & particulièrement
dans les étoffes, où l'on distingue la touche précieuse & vraie de cet habile Peintre. Hauteur 17 pouces & demi. Largeur
14 & demi. T.

PIERRE VANDER-WERFF.

235 Cérès, sous la figure de l'Abondance,
encourage les Cultivateurs par la promesse
de ses dons. Ce Tableau d'un beau pinceau
& d'un beau choix de draperies, peut
être annoncé comme un des meilleurs ouvrages de cet Artiste. Hauteur 18 pouces
larg. 14 pouces 6 lignes. T.

ADRIEN VAN-OSTADE.

236 L'ouverture d'une fenêtre par laquelle
on voit l'intérieur d'une Tabagie où cinq
hommes s'amusent à boire & à fumer : en

d'entre eux tenant fon verre à la main ,
annonce la joie & l'yvreffe. Hauteur 11
pouces & demi, largeur 9 pouces 3 lign.
Bois.

CORNEILLE DUSART.

237 Un Tableau qui peut fervir de pendant
au précédent. Il repréfente un Payfan &
une femme vue à mi-corps par une croifée. Dans l'éloignement de la chambre on
diftingue encore deux autres figures. Ce
Tableau joint au mérite de la touche une
gaîté de compofition inféparable du caractere de ce Peintre. B.

GÉRARD HOUET.

238. Un Tableau d'une belle ordonnance de
compofition & d'un bel émail de couleur.
Il repréfente le Repas de Cléopâtre & de
Marc-Antoine dans le moment qu'elle détache fa perle. La falle de feftin d'une
riche architecture, eft ouverte de trois
grandes arcades par lefquelles on découvre
une partie du Palais & du ciel. Ce tableau
eft le plus capital que l'on connoiffe de ce
Maître. Hauteur 21 pouces, Largeur 25
& demi. T.

GUILLAUME ROMAIN.

239 Une Prairie dans laquelle on voit deux

vaches & autres animaux ; à la gauche, près d'un vieux arbre, un Berger eft endormi. Le lointain eft terminé par des montagnes qui s'élevent fur un ciel clair & bien nuagé. Ce tableau d'un bon choix, eft auffi vrai que la nature. Hauteur 13 pouces, Largeur 11 & demi.

ADRIEN BRAUR.

240 Un Intérieur de Chambre de Payfans dans laquelle on en voit fix occupés à boire & à fumer. Ce tableau, auquel on joint l'eftampe qui a pour titre les Payfans du Mordeck, eft peint fur bois. Largeur 14 pouces, Hauteur 12.

MOUCHERON.

241 Un Payfage clair & agréable, dans le milieu duquel paffe une riviere : quelques fabriques & des figures fur différens plans ornent ce Tableau dont le ciel eft d'un ton frais & argentin. Hauteur 16 pouces, Largeur 20 pouces & demi.

ALBERT KUYP.

242 Un Payfage au milieu duquel on voit une Payfanne en corcet rouge, affife fur une fibile de bois & occupée à traire une vache : derrière elle eft un jeune garçon qui joue avec un chien, & un autre qui

joue de la flûte : à la droite, on remarque par-deſſus une haie le toît d'une chaumière : à gauche, ſur le devant, trois moutons & une vache ſont couchés. Ce Tableau a des vérités de nature, mais Kuyp auquel on l'attribue, avoit un bien beau ton de couleur & un piquant d'effet qui le caractériſent. Hauteur 19 pouces, largeur 25. B.

J. VAN-GOYEN.

243 La Vue d'un Pays plat, où l'on remarque une Egliſe de Village & des Habitations de Payſans ; à la gauche deux moulins à vent. Ce Tableau dans lequel il y a du mérite, eſt orné de pluſieurs figures & animaux. Hauteur 15 pouces & demi, Largeur 25. B.

JEAN VAN-HAGEN.

244 Un Payſage d'un ſite très-agréable, orné de figures & animaux. L'effet de ce Tableau eſt un Soleil couchant. Hauteur 33 pouces, largeur 42 pouces. T.

BAREND GRANT.

245 Trois hommes au-dehors d'une auberge ; deux ſont à table ; l'autre tient un pot, & parle à une ſervante : à la gauche ſont deux enfans, & dans le fond une mu-

raille au-deffus de laquelle s'éleve une treille. Hauteur 18 pouces, largeur 15 pouces. T.

246 Une Compofition de cinq figures : ce Tableau précieufement fini, eft par un Hollandois, d'après le Titien. Hauteur 7 pouces, Largeur 8 & demi.

ECOLE D'ITALIE.

LÉANDRE BASSAN.

247 Une Nativité, Tableau bien compofé, & peint fur toile. Hauteur 28 pouces, Largeur 21.

ROSE D'ITALIE.

248 Un Tableau peint avec hardieffe & dans lequel on voit cinq moutons, deux chevres, un Pâtre & fon chien. Hauteur 51 pouces, Largeur 76. T.

LOCATELLI.

249 Deux Tableaux d'une touche ferme & facile. Ils repréfentent des Payfages & Ruines de Monumens : ils font ornés de figures de Soldats ajuftés dans le ftyle de Salvator Rofe. Ces deux morceaux qui ont de l'effet font peints chacun fur une toile de 17 pouces de large fur 23 de haut.

SIMONINI.

250 La Défaite & la Mort de Darius. Il est environné des Officiers de son armée & de ses Soldats ; il y a dans cette composition beaucoup de caractere & une grande variété dans le mouvement des figures : l'on présume que la rareté des ouvrages de ce Peintre a occasionné le grand prix qu'a coûté ce Tableau. Hauteur 27 pouc. Largeur 25. T.

DESSINS SOUS VERRE, ET PASTEL.

251 Deux Dessins à la sanguine, par Bouchardon, & sous même verre ; l'un une Etude drapée, l'autre un Vase.

252 Un Croquis à la pierre noire sur papier bleu, & retouché au pastel, par Briard.

253 La Vue d'une belle Fontaine de Rome dans laquelle deux jeunes femmes viennent puiser de l'eau : ce joli Dessin, par M. Robert, est à la sanguine & légerement aquarellé.

254 Deux Paysages & Ruines ornés de figures & animaux, par J. B. le Prince : ces deux morceaux touchés avec esprit, sont lavés de bistre sur papier blanc.

255 Quatre dessins sous le même cadre, représentant

préfentant divers fujets de l'Hiftoire des
Bourbons ; par J. M. Moreau.

256 Deux autres Deffins, par le même, repréfentant des Vues de Meudon.

257 Deux autres deffinés à la pierre d'Italie,
fur papier blanc, repréfentant des Payfages & Ruines.

258 Trois Etudes de figures de femmes drapées felon le coftume actuel, auffi par M.
Moreau.

259 Un Morceau à gouache, par Ph. Ca-
refme, repréfentant des femmes qui fe
baignent.

260 Deux fujets de Bataille aquarelle, par
un Artifte moderne.

261 Une Etude d'après nature, deffinée à
la fanguine avec beaucoup de foin, par
M. de Boiffieu, Amateur, repréfentant
une vieille femme vue de profil, la tête
couverte d'une draperie.

262 Un Bufte d'homme coeffé d'un bonnet : il eft vu de trois quarts, & auffi précieufement deffiné que le précédent, par
le même.

263 Deux Deffins fpirituels de touche, &
légèrement aquarellés, par Norblin. L'un
repréfente un Opérateur. L'autre un Chan-
fonnier. Ces deux morceaux font chacun
ornés d'un grand nombre de Spectateurs.

264 Un Payfan affis dans un fauteuil. Croquis fur papier blanc colorié par Oftade.

G

AGRICOLA.

265 Deux Etudes de différens Oifeaux perchés fur des branches. Ces deux morceaux font à gouache & coloriés.

266 Quatre Deffins à la fanguine, par Palmiéri.

266 *bis.* Une Copie foigneufement faite d'après M. Greuze, repréfentant le groupe des deux Têtes de femmes dans l'Accordée de Village. Dans ce morceau peint au paftel, le Peintre y a très bien confervé le caractere original des Têtes.

267 Quelques Deffins qui feront détaillés fous ce numéro.

TERRES CUITES.

CLAUDION.

268 Deux Groupes de la premiere diftinction. L'un repréfente un Satyre ajuftant des fleurs dans les cheveux d'une Nymphe : l'autre un Faune qui preffe une grappe de raifin dans la bouche d'une Bacchante. Ces deux morceaux, d'une confervation parfaite, bien modelés, remplis de grace & de foupleffe dans les mou-

vemens des figures, méritent tout éloge :
& la place la plus diftinguée dans le Cabinet d'un Amateur de bon goût. Ils font
fous cage de verre, & portent 12 pouces
de haut, non compris leurs focles en bois
fculpté & doré.

PAR LE MÊME.

269 Un autre charmant groupe de deux
enfans, repréfentant la Poéfie & la Mufi-
que. Ce morceau a été exécuté en marbre
pour M. l'Abbé Terray. Hauteur 8 pouces, non compris le focle de bois fculpté
& doré. Il eft fous cage de verre.

CLAUDION frere.

270 Une jolie Bacchante affife faifant danfer un petit Satyre fur fes genoux. Haut.
12 pouces.

CHALLE.

271 Un beau groupe auffi en terre cuite,
repréfentant Olinde & Sophronie attachés
au bûcher. Hauteur 25 pouces.

BRONZES.

272 Un joli morceau en bronze doré d'or
moulu fur focle de marbre blanc, repré-

fentant une Offrande à l'Amour, d'après
M. Greuze, & renfermé fous cage de
verre.

273 Une répétition du même morceau, &
aufli bien repréfenté & doré.

274 La Vénus accroupie. Hauteur 11 pouces 6 lignes, fur un focle de marbre vert
d'Egypte & pied à confole de bronze doré.

275 Un Bronze de la première beauté, repréfentant Latone accompagnée de fes
Enfans. Ce morceau par le Gros eft fur
un focle doré d'or moulu.

276 Andromede attachée au rocher : ce
bronze par Robert le Lorrain, porte 24
pouces de haut, compris un pied à quatre
confoles de bronze doré. Numéro 485 du
Catalogue de M. de Gagny.

277 Un Enfant couché, par Germain Pilon,
& porté fur un coffre ouvrage de Boule,
garni de quatre tiroirs fond écaille fer-
mant à clef & orné de pilaftres & bas-
relief encadré, repréfentant des Jeux d'enfans. Le tout porté fur quatre boules do-
rées en or moulu, comme tous les orne-
mens.

278 Deux Chevaux par Girardon, fur leurs
plinthes de bois noirci.

279 Deux Lévriers fur terraffe en bronze
doré d'or moulu, fervant de pierre à papier.

280 Le Portrait du Prétendant, Médaillon
par M. le Moyne.

280 *bis.* Un Buſte d'Ariſtote, de fonte ita-
lienne, en cire perdue placée ſur un piédouche de griotte d'Italie. Hauteur totale
26 pouces.

---

281 Deux Vaſes de granit gris, couverts
& vuidés de forme antique. Ces deux morceaux d'un beau travail, ſont ſur des ſocles
de brocatel d'Eſpagne.

282 Deux Baſes de Colonnes en marbre
blanc, ſur plinthe de granit roſe.

283 Un Buſte de Vitellius, dont la tête
eſt de porphire, le corps en marbre noir
figurant ſa cuiraſſe dont l'épaulette eſt en
cuivre. Il eſt ajuſté d'une draperie de marbre blanc en écharpe. Le tout porté ſur
un piédouche auſſi de marbre. Hauteur 27
pouces.

284 Un beau Vaſe de porphire, forme de
Médicis, couvert & ajuſté d'anſes de ſer-
pents priſes dans la maſſe. Hauteur 22
pouces.

285 Une grande Caſſolette couverte, porcelaine bleue turc ancien la Chine & garnie
de gorge à fleurons découpés à jour, d'an-
neaux, de pieds à riches culs-de-lampes à
quatre conſoles à têtes & pieds de bélier

doré d'or moulu. Hauteur 11 pouces 3 lignes, diamètre 8 pouces.

286 Un groupe de deux enfans, porcelaine en biscuit de Séve.

MEUBLES DE BOULE.

287 Un Coffre, en tombeau, nommé toilette, & fon pied de Boule, contrepartie : fon deffus s'ouvre en deux parties, dont l'intérieur eft en marqueterie d'étaim, l'une formant le dôme garni d'un miroir rond dans le fond, l'autre, d'une glace quarré long encadrée de bronze avec agraffe, eft orné à l'extérieur de couronnement, d'équerres, de plaques, d'entrées de ferrures ouvragées & de moulures à feuilles de laurier ; le corps à tablettes à couliffe, garnies de portant & à deux parties de trois petits tiroirs en hauteur, fur le devant & côté, revêtue chacune de larges bandes & cannelures s'ouvrant en deux recouvrements à charnières, le fupérieur à mafques féminin, l'inférieur fe termine à forte tête de lion : l'entablement du pied à trigliphes eft fupporté par quatre gaînes quarrées à têtes de bélier, entre lefquelles eft un pilaftre avec mafcarons & autres acceffoires ; le tout de bronze doré. Longueur 2 pieds 8 pouces,

hauteur y compris le pied 54 pouces, profondeur 20 pouces.

288 Une belle Armoire à hauteur d'appui,
garnie de deux Ventaux en vieux laque
à branchages & oiſeaux & de deux pan-
neaux en retour de pareil laque avec pi-
laſtres à canelures, carderons, entrelas,
roſaſſes & moulures en bronze doré d'or
moulu ajuſté de bon goût couverte d'un
deſſus de marbre griotte d'Italie de belle
qualité. Largeur 46 pouces, profondeur
18.

289. Une bonne Pendule à équation, mar-
quant les quantièmes du mois, renfermée
dans ſa boëte garnie de bronze doré.

290 Une belle Table en conſole de bois
doré, avec deſſus de marbre breche d'A-
lep.

291 Un Néceſſaire garni de quatre Taſſes,
leurs ſoucoupes, pot à lait & à ſucre,
deux Boëtes à thé & une théyere de porcelaine de Séve fond bleu, quatre cuil-
leres à caffé, une à ſucre, une Pince idem,
un Entonnoir & un Couteau, le tout en
vermeil & renfermé dans un coffre de laque fond rouge à oiſeaux, arbriſſeaux &
figures, garni auſſi en dedans d'une glace, avec tiroirs ſervant de Secrétaire.

292 Un autre Néceſſaire dans ſon coffre de
laque fond noir, garni comme le précédent, excepté qu'il n'y a qu'une théyere
qui eſt en argent & vernis, & point de
cuillière à ſucre.

293 Un plus petit Coffre verni fond rouge renfermant un Déjeuné complet de porcelaine de Séve fond bleu à cartouches.

294 Un Nécessaire composé de six flacons en cristal, d'un gobelet, soucoupe, dés, grate, langue, éguille à passer, en vermeil : le tout renfermé dans un coffre aussi verni de Martin, & orné de sujets pastorals peints par Lucas.

295 Une belle Ecritoire imitant le vieux laque fond rouge, avec figures & animaux de relief.

296 Un Métier à broder, aussi verni, de Martin, garni de ses crochets, vis & écroux dorés en feuilles.

297 Un Bassin à barbe avec boëtes à éponges & à savonettes en laque, fond noir rehaussé de fleurs en or, & renfermé dans un étui de cuir.

298 Quelques objets qui seront vendus sous ce numéro.

F I N.

Lû & approuvé ce 30 Mars 1780. RENOU, pour M. COCHIN.

Vu l'Approbation, permis d'imprimer ce 31 Mars 1780. LENOIR.

De l'Imprimerie de PRAULT, Imprimeur du Roi, Quai de Gêvres.

FEUILLE DE DISTRIBUTION

DE LA VENTE

Du 5 Avril 1780, & jours suivans.

PREMIERE VACATION.

Du Mercredi 5 Avril.

TABLEAUX.

Numéro 2 *bis*. Séb. Bourdon.
12 Reſtout.
14 C. Vanloo.
18 Deux , Dumont le Romain.
29 J. B. Greuze.
37 Caſanova.
42 Hallé.
46 Hub. Robert.
55 H. Fragonard.
56 Par le même.
57 Idem.
61 Hall.
66 Lagrenée le jeune.
68 Théolon.

69 Will le fils.
73 Deux, Cotibert.
78 Ecole de Caſanova.
81 Deux, Parelle.
90 Deux, Michaux.
110 Diſciple de Dujardin.
112 Guillaume Heuſſ.
128 Vander Poël.
129 Un , P. Wouvermans.
130 Deux, De Klen.
131 Kraus.
132 D'après Teniers.
137 Une Eſquiſſe.

TABLEAUX
DU SUPPLÉMENT.

209 J. B. Pater.

a

214 Cafanova.
222 D. Teniers.
243 J. Van Goyen.

Dessins sous verre du Supplément.

255 Deux, L. M. Moreau.
257 Deux, Idem.
259 Ph. Carême.
264 Oftade.
266 Quatre, Palmieri.
276 Un Bronze.
278 Deux autres.

279 Deux, Idem.

PORCELAINES.

163 Deux Urnes.
173 Deux Rouleaux.
176 Deux Bouteilles.
182 Deux Compotiers.
183 Deux Plateaux.
184 Un grand Plat.
186 Deux Eperviers.
187 Une Jatte.
189 Deux Pots à oille.
190 Quatre Figures.

DEUXIEME VACATION.

Du Jeudi 6 Avril.

Numéro 1 Séb. Bourdon.
6 Le Nain.
9 Deux, Fr. Lemoyne.
11 Subleyras.
13 Reftout.
15 C. Vanloo.
19 Deux, Dumont le Romain.
31 J. B. Greuze.
36 Cafanova.
38 Idem.

47 Hub. Robert.
54 H. Fragonard.
58 Deux, Idem.
62 F. Hall.
67 Lagrenée le jeune.
70 Deux, De Boiffieu.
74 Cotibert.
79 École de Cafanova.
85 Deux, Teniers.
91 Deux, Michaux.
99 Ph. Wouvermans.

[3]

102 Deux, Poelemburg.
118 J. Van Goyen.
124 De Vries.
138 Une Esquisse.

TABLEAUX
DU SUPPLÉMENT.

208 Antoine Watteau.
210 Bénard.
215 J. B. Leprince.
218 H. Fragonard.
236 A. Ostade.
237 C. Dusart.

DESSINS SOUS VERRE
DU SUPPLÉMENT.

254 Deux, Leprince.
260 Deux Batailles.
261 M. de Boissieu.
262 Idem.

265 Agricola.

272 Offrande à l'Amour,
Bronze.
277 Un autre Bronze.
280 Idem.

270 Terre cuite.
271 Idem.
294 Un Nécessaire.
296 Un Métier à broder.

PORCELAINES.

167 Deux Caisses.
168 Deux Tortues.
179. Deux Pots à lait.
180 Deux Terrines.
181 Quatorze Assiettes.
185 Vingt-sept autres.

TROISIEME VACATION.

Du Vendredi 5 Avril.

TABLEAUX.

Numéros 2 Séb. Bourdon.
3 Crésencio.
4 Joseph Parocel.

8 J. B. Pater.
10 F. le Moyne.
16 C. Vanloo.
20 Chardin.
26 Joseph Vernet.

a ij

QUATRIEME VACATION.

Du Samedi 8 Avril.

TABLEAUX.

Numéros 7 Deux, J. B. Pater.
17 C. Vanloo.
27 J. Vernet.
33 J. B. Greuze.
35 Casanova.
45 Loutherbourg.
52 Deux, Fragonard.
59 Un idem.
64 Lagrénée le jeune.
76 Cotibert.
87 D. Teniers.
97 Ph. Wouvermans.
104 Van Bergen.
106 Isaac Ostade.
108 J. le Duc.
115 Deux, Dietricci.
120 J. van Goyen.
123 Obéma.
127 Van Begen.
140 Une Esquisse.

TABLEAUX
DU SUPPLÉMENT.

217 Hub, Robert.

219 Deux, de la Rue.
220 P. Bril.
224 Deux, Breughel & Savari.
227 Deux, Chevalier Faslin.
229 Breemberg.
233 Eglon Vanderneer.
239 Guillaume Romain.
244 Van Hagen.
246 Copie du Titien.
249 Deux, Locatelli.

GOUACHES ET DESSINS
SOUS VERRE.

145 H. Fragonard.
149 Lavreins.
154 Deux, France de Liége.
155 Ph. Carême.
159 Henri IV, Bronze.
160 Une Pendule.

DU SUPPLÉMENT.

268 Deux Groupes, Terre
suite,

269 Un autre.
283 Buſte de Porphyre.
284 Un Vaſe idem.
291 Un Néceſſaire.
295 Une Ecritoire.
297 Baſſin à barbe.

PORCELAINES.

162 Deux Urnes.
164 Quatre Vaſes.
169 Deux Soucoupes.
170 Douze Aſſiettes.
171 Douze idem.

CINQUIEME VACATION.

Du Lundi 10 Avril.

TABLEAUX.

Numéro 22 F. Boucher.
28 J. Vernet.
34 Deux, Caſanova.
41 Hallé.
44 Deux, Loutherbourg.
50 H. Fragonard.
63 Lagrénée le jeune.
72 Deux, Mayer.
77 Cotibert.
82 Ph. Carême.
88 D. Teniers.
89 J. Breughel.
93 Deux, van Artois.
95 Vandernéer.
98 Ph. Wouvermans.
103 Deux, Dirick van-
den Bergen.

109 Corneille Duſart.
111 J. Steen.
114 Deux, Dietricci.
117 Craeſbeck.
121 J. van Goyen.
134 Le Guide.
141 Ménageot.

DU SUPPLÉMENT.

212 C. Vanloo.
213 Deux, J. B. Greu-
ze.
221 Attribué à Rubens.
228 Idem à Rembrandt.
232 Eglon vander Néer.
234 Vander Werff.
250 Simonini.

GOUACHES ET DESSINS
SOUS VERRE.

144 Fragonard.
146 De Boiſſieu.
148 Lavreins.
151 F. Boucher.

BRONZES.

157 Deux Bronzes.
161 Une Pendule.
287 Coffre de Boule.
288 Armoire de Laque.
289 Une Pendule.
290 Une Table de mar-
bre.

PORCELAINES.

296 Quatre Corbeilles.
297 Un grand Gobelet ,
&c.
198 Un Plateau & une
Taſſe.
199 Douze Aſſiettes.
200 Vingt-quatre autres.
201 Vingt-trois idem.
202 Une Taſſe , &c.
204 Trois Corbeilles.
205 Néceſſaire de criſtal
de roche.
206 Lunette Angloiſe.

SIXIEME VACATION.

Du Mardi 11 Avril.

TABLEAUX.

Numéro 5 A. F. Vander
Meulen.
21 F. Boucher.
23 J. B. Oudry.
24 Le Pecheux.
25 Deux , J. Vernet.
32 J. B. Greuze.

40 Caſanova.
43 Deux, J. B. le Prince.
49 H. Fragonard.
51 Idem.
71 Mayer.
83 Eſquiſſe de van Dyck.
84 D. Teniers.
92 Van Artois.
96 Godefroi Scalken.

TABLEAUX
DU SUPPLÉMENT.

GOUACHES ET DESSINS
SOUS VERRE.

PORCELAINES.

FIN.

www.ingramcontent.com/pod-product-compliance
Lightning Source LLC
LaVergne TN
LVHW012204170726
843503LV00005B/1878